GRADED READINGS
IN RUSSIAN HISTORY

COLUMBIA SLAVIC STUDIES
A Series of the Department of
Slavic Languages, Columbia University

GRADED READINGS
IN RUSSIAN HISTORY

THE FORMATION OF THE RUSSIAN STATE

ЧТЕНИЯ ПО РУССКОЙ ИСТОРИИ

ОБРАЗОВАНИЕ РУССКОГО ГОСУДАРСТВА

By LEON STILMAN

COLUMBIA UNIVERSITY PRESS, New York

The preparation and publication of this work was originally made possible by a grant from the Rockefeller Foundation to the Department of Slavic Languages of Columbia University.

ISBN 0-231-02390-1

This work incorporates material from *Readings in Russian History* (now out of print), by Leon Stilman.

Printed in the United States of America
10 9

PREFACE

The texts in this book were written some years ago for intermediate Russian language courses which I was then teaching at Columbia University. These materials have been in use since that time in mimeographed form at Columbia and in a few other colleges and universities.

For the present edition, I have revised quite extensively the texts and the vocabularies placed at the end of each chapter. Also, since words are given in these chapter vocabularies only on their first occurrence and in the order of their occurrence, it seemed advisable to append a vocabulary in which one may find all the translations given in the chapter vocabularies arranged in alphabetical order. Finally, some material has been added for classroom work or homework. One will find, following each chapter, a short section of Exercises, consisting mainly of questions in Russian on the content of the chapter, and of English sentences for translation into Russian based on the vocabulary of the chapter.

My purpose in writing this text was to provide the student with reading material on an adult level in content, yet accessible in the second year of a Russian language program (or second semester of an intensive course, as was the case at Columbia). The text begins with a brief survey of the geographical area which is now occupied by the Soviet Union, and then proceeds to tell the story of the peoples who have inhabited it from the earliest times up to the formation of the Moscow monarchy in the fifteenth century. The book deals, then, with rather remote times. Having begun this history at the beginning, I had to stop rather early, the alternative, a rather unsatisfactory one, being to compress the material into a mere inventory of facts. Secondly, the epoch presented, remote as it may be, is most certainly relevant for an understanding of later developments. Lastly, topical material of this type is very useful in building a basic vocabulary sufficient for the understanding of original (nonedited) Russian texts in the fields of history and the social and political sciences. The vocabulary used in this text, quite simple in the first chapters, is gradually brought up to the level of an original text of "average difficulty." My hope, therefore, is that having followed my narrative up to the reign of Ivan III, the reader will then be able to turn to a Russian source for the reigns of Basil III, Ivan IV, and their successors, or for that matter, to a Russian text dealing with any other period of Russian history, including the one covered in the present text. For my "coverage" of early Russian history is anything but complete —I am not a historian and what I wrote is not a historical treatise, but a text for language students. I believe, however, that I have succeeded in avoiding any serious historical errors in this brief outline of the formation of the Russian state.

A series of four maps has been included. These maps should prove useful in familiarizing the student with the relative positioning of places and areas important in the unfolding of Russian history.

LEON STILMAN

Columbia University

CONTENTS

ABBREVIATIONS

acc., accusative

adj., adjective

adv., adverb

comp., comparative

dat., dative

f., feminine

gen., genitive

imp., imperfective

instr., instrumental

intr., intransitive

m., masculine

n., neuter

nom., nominative

part., participle

prf., perfective

pl., plural

prep., prepositional

pres., present

sing., singular

trans., transitive

Глава́ пе́рвая

ТЕРРИТОРИЯ СОВЕТСКОГО СОЮЗА

Сою́з Сове́тских Социалисти́ческих Респу́блик — СССР,[1] — огро́мная страна́, террито́рия кото́рой покрыва́ет большу́ю часть двух континéнтов: восто́чную полови́ну Евро́пы и се́верную треть А́зии.

5   За́падные сосе́ди Сове́тского Сою́за на Европе́йском континéнте, ме́жду Балти́йским мо́рем и Чёрным: По́льша, Чехослова́кия, Ве́нгрия и Румы́ния; на восто́ке то́лько у́зкий Бе́рингов проли́в отделя́ет азиа́тскую часть СССР от Аля́ски, то́ есть от америка́нского континéнта.

10   На се́вере, у берего́в А́рктики, Сове́тский Сою́з грани́чит с Норве́гией, а на ю́ге, в А́зии, с Ира́ном и с Афганиста́ном, кото́рый отделя́ет террито́рию СССР от Пакиста́на; да́льше на восто́к, до Япо́нского мо́ря, идёт дли́нная грани́ца с Монго́льской и Кита́йской Наро́дными Респу́бликами.

15   На да́льнем се́вере страны́ кли́мат о́чень холо́дный и суро́вый. В восто́чной Сиби́ри éсть ме́сто, где температу́ра зимо́й ни́же, чем на Се́верном по́люсе. Моря́ и ре́ки на се́вере мно́го ме́сяцев покры́ты льдом; ле́то там ко-

20 ро́ткое, и се́верная расти́тельность о́чень бе́дная. На ю́ге страны́ кли́мат тёплый, а в не́которых частя́х Сре́дней А́зии и у Чёрного мо́ря субтропи́ческий. Та́м, в тёплом, ю́жном кли́мате, расту́т виногра́д и апельси́ны, таба́к, хло́пок и ча́й.

25 В Сове́тском Сою́зе мно́го дли́нных ре́к, больши́х озёр, высо́ких го́р. Во́лга са́мая дли́нная река́ не то́лько в Европе́йской ча́сти Сою́за, но́ и во все́й Евро́пе. Но́ в Сиби́ри, в азиа́тской ча́сти Сою́за, éсть ещё бо́лее дли́нные ре́ки. Эти ре́ки гора́здо длинне́е Во́лги. Во́лга впа-

30 да́ет в Каспи́йское мо́ре. Каспи́йское мо́ре со все́х сторо́н окружено́ землёй; поэ́тому его́ мо́жно бы́ло бы называ́ть не мо́рем, а солёным о́зером. Ме́жду Каспи́йским

[1] Pronounce: ЭСЭСЭСЭР

мо́рем и Чёрным мо́рем нахо́дится Кавка́з с его́ высо́кими
гора́ми. Са́мые высо́кие го́ры Сове́тского Сою́за нахо-
35   дятся в Сре́дней А́зии, недалеко́ от грани́ц Пакиста́на и
Афганиста́на: э́ти го́ры вы́ше кавка́зских гор.
    Са́мый большо́й го́род в СССР — э́то его́ столи́ца
Москва́. В Москве́ пять миллио́нов жи́телей. В Ленингра́де,
второ́м го́роде Сою́за, бо́льше трёх миллио́нов жи́телей.
40   По́сле Ленингра́да идёт Ки́ев, столи́ца Украи́нской Рес-
пу́блики. Москва́ о́чень ста́рый го́род; Ки́ев ещё ста́рше.
Ленингра́д гора́здо нове́е и Ки́ева и Москвы́; Пётр Ве-
ли́кий[2] основа́л Санкт-Петербу́рг, как ра́ньше называ́лся
э́тот го́род, в 1703 (ты́сяча семьсо́т тре́тьем) году́ и сде́лал
45   его́ столи́цей свое́й импе́рии, вме́сто ста́рой Москвы́.
Москва́ сно́ва ста́ла столи́цей по́сле револю́ции 1917 (ты́-
сяча девятьсо́т семна́дцатого) го́да.

VOCABULARY

1–5

сою́з, union
сове́тский, Soviet (adj.)
респу́блика, republic
огро́мный, huge, immense
страна́, country, land
покрыва́ть imp., to cover
часть (f.), part
восто́чный, east (adj.), eastern,
    oriental
Евро́па, Europe
се́верный, north (adj.), northern
треть (f.), one-third
за́падный, west (adj.), western
сосе́д (pl. сосе́ди), neighbor

6–10

Балти́йское мо́ре, Baltic Sea
Чёрное мо́ре, Black Sea
По́льша, Poland
Ве́нгрия, Hungary
восто́к, East, Orient
у́зкий, narrow
проли́в, strait
отделя́ть imp., to separate
то́ есть (т. е.), that is (i. e.)

се́вер, North
бе́рег, coast, shore, bank
грани́чить imp., with c + instr., to
    border on

11–15

Норве́гия, Norway
япо́нский, Japanese, of Japan
дли́нный, long
грани́ца, frontier, border, boundary
монго́льский, Mongol (adj.), of
    Mongolia
кита́йский, Chinese, of China
наро́дный, people's, popular

16–20

да́льний, far (adj.)
суро́вый, rigorous, severe
ни́же (comp. of ни́зкий), lower
по́люс, Pole
покры́т/ый, covered
лёд (instr.: льдо́м), ice
расти́тельность, (f.) vegetation, flora
бе́дный, poor

21–25

сре́дний, central, middle
субтропи́ческий, subtropical

[2] Peter the Great

южный, south (*adj.*), southern
расти (*m. past,* рос) to grow
виноград (*collective sing.*), grapes
апельсин, orange
хлопок, cotton
чай, tea
озеро, lake

26–30

не только. . . , но-и. . . , not only. . . ,
  but also. . .
Сибирь (*f.*), Siberia
ещё более (длинный), still (longer),
  even (longer)
впадать *imp.*, to fall into
Каспийское море, Caspian Sea
сторона, side; со всех сторон, from
  all sides, on all sides

31–35

окружён/ный, surrounded
земля, land, ground, earth
поэтому, therefore, for that reason
можно было бы, one might
называть *imp.*, to call, to name
солёный, salt (*adj.*), salty

находиться *imp.*, to be (with refer-
  ence to location), to be located, to
  be situated
Кавказ, Caucasus
недалеко от + *gen.*, not far from

36–40

столица, capital city
житель (*m.*), inhabitant

41–45

ещё (followed by a *comp.*), still,
  even
старше (*comp.* of старый), older
великий, great
основать *prf.*, to found, to establish
раньше, earlier, formerly, previously,
  before
называться *imp.*, to be called, to be
  known as (not of names of per-
  sons)
вместо + *gen.*, instead of, in place
  of

46–47

снова, again, anew
стать *prf.*, + *instr.*, to become

EXERCISES

A. Answer the following questions in complete Russian sentences:
   1. В какой части Соединённых Штатов растёт хлопок?
   2. С какой страной граничат Соединённые Штаты на се-
      вере и с какой на юге?
   3. Была ли Москва всегда столицей?
   4. Можно ли сказать, что Волга самая длинная река в
      мире?

B. Translate into Russian:
   1. Moscow is bigger than Leningrad.
   2. Canada separates Alaska from the USA.
   3. We live in the East, and they live in the West.
   4. There are more inhabitants in New York than in Moscow.
   5. The rivers of the American continent are the longest in
      the world.

Vocabulary for the exercises: Канада, Мексика, Нью Йорк

Глава́ втора́я

НАСЕЛЕНИЕ СОВЕТСКОГО СОЮЗА

В Сове́тском Сою́зе живёт бо́льше 200 (двухсо́т) мил-
лио́нов челове́к.[1]

Населе́ние Сове́тского Сою́за состои́т из большо́го
числа́ ра́зных наро́дов, кото́рые говоря́т на большо́м
5 числе́ ра́зных языко́в.

Са́мый большо́й из э́тих наро́дов — ру́сский наро́д, и
ру́сский язы́к са́мый распространённый язы́к в Сою́зе.
Ру́сских в СССР бо́льше ста́ миллио́нов, то́ есть прибли-
зи́тельно полови́на всего́ населе́ния. На второ́м ме́сте
10 по́сле ру́сских — украи́нцы; на тре́тьем — белору́сы.
Языки́ э́тих трёх наро́дов о́чень похо́жи. Ру́сские, украи́н-
цы и белору́сы образу́ют гру́ппу восто́чно-славя́нских на-
ро́дов. Вне́ СССР живу́т други́е славя́нские наро́ды. Из
э́тих наро́дов мо́жно назва́ть поля́ков и че́хов, кото́рые
15 принадлежа́т к гру́ппе за́падных славя́н; се́рбы и болга́ры
принадлежа́т к ю́жно-славя́нской гру́ппе.

Сове́тский Сою́з состои́т из пятна́дцати Сою́зных Рес-
пу́блик. Са́мая больша́я из них — Росси́йская Сове́тская
Федерати́вная Социалисти́ческая Респу́блика, и́ли РСФСР,[2]
20 кото́рая занима́ет о́коло трёх четверте́й всей террито́рии
СССР, от Балти́йского мо́ря на за́паде до Ти́хого океа́на
на восто́ке. Москва́, столи́ца РСФСР, в то́ же вре́мя сто-
ли́ца всего́ Сою́за; э́то са́мый большо́й го́род в Сою́зе.
В РСФСР бо́льше ста́ миллио́нов челове́к. О́коло че́тверти
25 э́того населе́ния неру́сское. Те́ ча́сти РСФСР, где́ живу́т
неру́сские национа́льные гру́ппы, образу́ют внутри́ РСФСР
"автоно́мные сове́тские социалисти́ческие респу́блики".
Поэ́тому Росси́йская респу́блика называ́ется "федерати́в-
ной". На террито́рии РСФСР восемна́дцать автоно́мных
30 респу́блик.

Из сою́зных респу́блик второ́е ме́сто по́сле РСФСР по

---

[1] челове́к *gen. pl.;* this form, identical with the *nom. sing.,* is used with
numerals above four.

[2] Pronounce: ЭРЭСЭФЭСЭР.

числу́ населе́ния принадлежи́т Украи́нской Сове́тской Со-
циалисти́ческой Респу́блике — УССР, кото́рая нахо́-
дится на ю́го-за́паде европе́йской ча́сти Сою́за. Каза́хская
35 ССР, в Сре́дней А́зии, занима́ет второ́е ме́сто по́сле
РСФСР по величине́ террито́рии.

Населе́ние европе́йской ча́сти Сою́за гора́здо бо́льше
населе́ния его́ азиа́тской ча́сти, хотя́ террито́рия пе́рвой
гора́здо ме́ньше террито́рии после́дней. В европе́йской
40 ча́сти населе́ние плотне́е, в азиа́тской — ре́же; са́мое
ре́дкое населе́ние в Сиби́ри, на се́вере азиа́тской ча́сти.
В Сре́дней А́зии и на Кавка́зе есть места́ с о́чень пло́тным
населе́нием. Та́м есть та́кже больши́е города́; наприме́р,
дре́вний Ташке́нт, столи́ца одно́й из сре́дне-азиа́тских
45 сою́зных респу́блик, име́ет населе́ние в 800.000 (восемь-
со́т ты́сяч) челове́к.

СЛОВА́РЬ

1–5

населе́ние, population
состоя́ть *imp., with* из + *gen.,* to
  consist of
число́, number
наро́д, people, nation

6–10

распространён/ный, widespread,
  common
приблизи́тельно, approximately
украи́нец, Ukrainian (*noun*)
белору́с, Byelorussian (*noun*)

11–15

похо́ж/ий, similar, resembling
образова́ть *prf.,* to form, to constitute
славя́нский, Slavic
вне + *gen.,* outside of
поля́к, Pole
чех, Czech (*noun*)
принадлежа́ть *imp., with* к + *dat.,*
  to belong to (to be a member of
  a group, of an organization, etc.)
  Without the preposition к *the verb*
  means to belong to (in the sense
  of being the property of someone),

e. g., э́тот дом принадлежи́т моему́
  отцу́.
серб, Serb
болга́рин (*pl.* болга́ры), Bulgarian
  (*noun*)

16–20

сою́зный, union (*adj.*)
федерати́вный, federal
занима́ть *imp.,* to occupy
о́коло + *gen.,* about, near
че́тверть (*f.*), one quarter

21–25

Ти́хий океа́н, Pacific Ocean
в то́ же вре́мя, at the same time

26–30

внутри́ + *gen.,* within, inside
автоно́мный, autonomous

31–35

по числу́ населе́ния, in population,
  according to the number of people

36–40

величина́, size

пе́рвый, (*here*) former
после́дний, (*here*) latter
плотне́е (*comp. of* пло́тный), denser, thicker
ре́же (*comp. of* ре́дкий), (*here*) sparser, thinner

41–45

наприме́р, for example, for instance
дре́вний, ancient

УПРАЖНЕНИЯ

A. Переведи́те э́ти вопро́сы на ру́сский язы́к и отве́тьте на них:

1. Which are the most popular (widespread) newspapers in the USSR?
2. What language do your friends speak at home?
3. To which group of Slavic peoples belong the Ukrainians?
4. To whom does this house belong?
5. What city of the United States is the largest?
6. What state (штат) in the USA occupies the second place in population, after New York?
7. Do all the Slavs live in the Soviet Union?

B. Replace the figures by words. Spell out in Russian the numerals in parentheses:

1. Я прочита́л бо́льше (¾) э́той кни́ги.
2. Мы живём в (the third) до́ме от угла́.
3. В на́шем го́роде бо́льше (200,000) жи́телей.
4. В э́той библиоте́ке о́коло (4,000,000) книг.
5. Наш ма́ленький орке́стр состои́т из (18) музыка́нтов (musicians).

Глава́ тре́тья

ДРЕВНИЕ СЛАВЯНЕ

Европе́йская ча́сть Сове́тского Сою́за — э́то огро́мная
равни́на, кото́рую на восто́ке отделя́ют от А́зии невы-
со́кие Ура́льские го́ры. В дре́вние времена́ большу́ю ча́сть
э́той равни́ны покрыва́ли леса́ и, во мно́гих места́х, бо-
5   ло́та. Не́ было лесо́в на ю́ге, в степно́й зо́не. Сте́пи ю́жной
Росси́и — э́то широ́кая доро́га из А́зии в Евро́пу, кото́рая
до́лгое вре́мя была́ откры́та для азиа́тских коче́вников.
По э́той доро́ге о́рды вои́нственных вса́дников проника́-
ли, на свои́х бы́стрых, ма́леньких лошадя́х, в европе́йскую
10 равни́ну.
По ру́сской равни́не теку́т дли́нные и широ́кие ре́ки.
Са́мые больши́е — Днепр, Дон, Во́лга — теку́т из це́нтра
равни́ны на ю́г. Днепр впада́ет в Чёрное мо́ре, Дон — в
Азо́вское, Во́лга — в Каспи́йское.
15 Восто́чные славя́не уже́ в о́чень дре́вние времена́ жи́ли
в э́той стране́ лесо́в, боло́т и больши́х ре́к. В ре́ках и
о́зерах они́ лови́ли ры́бу; в леса́х охо́тились и собира́ли
мёд и во́ск ди́ких пчёл.
В степя́х, на ю́г от лесно́й зо́ны, по́чва о́чень плодоро́д-
20 ная. Но жи́ть в откры́той степи́ бы́ло опа́сно из-за ази-
а́тских коче́вников, а леса́ дава́ли от ни́х хоро́шую за-
щи́ту. Поэ́тому славя́не жи́ли, гла́вным о́бразом, в лесно́й
зо́не.
Земледе́лие ра́но ста́ло одни́м из гла́вных заня́тий во-
25 сто́чных славя́н. Но обраба́тывать зе́млю в то́ вре́мя бы́ло
сло́жно. В лесно́й зо́не дре́вние земледе́льцы выжига́ли
уча́сток ле́са; остава́лась зола́. Зола́ — хоро́шее удобре́-
ние, и земля́ дава́ла дово́льно хоро́ший урожа́й. Но без
но́вого удобре́ния по́чва ско́ро истоща́лась. Ну́жно было
30 дви́гаться да́льше, на но́вое ме́сто, и выжига́ть друго́й
уча́сток ле́са.
Поздне́е ста́ли паха́ть зе́млю, при по́мощи сохи́ и ло́-
шади, кото́рых в са́мые дре́вние времена́ не зна́ли. Это
бы́ло больши́м прогре́ссом. Благодаря́ лу́чшей те́хнике

35 земля́ дава́ла лу́чший урожа́й и не истоща́лась так бы́стро.
    Земледе́лец уже́ не до́лжен был та́к ча́сто переходи́ть с
    одного́ ме́ста на друго́е; о́н уже́ не до́лжен был бы́ть
    по́лу-коче́вником.
        К девя́тому ве́ку больша́я террито́рия была́ заселена́,
40 — коне́чно, ещё ре́дко заселена́, — восто́чно-славя́нскими
    племена́ми. Эти племена́, пре́дки ру́сских, украи́нцев, и
    белору́сов, занима́ли террито́рию по о́бе сто́роны сре́д-
    него Днепра́, до Карпа́тских го́р на юго-за́паде. На се́-
    вере зе́мли заселённые славя́нами уже́ в те времена́ до-
45 ходи́ли почти́ до фи́нского зали́ва.

СЛОВАРЬ

1–5

равни́на, plain
невысо́кий, rather low
ура́льский, (adj. from Ура́л, the Urals), Ural, of the Urals
времена́ (pl. of вре́мя), times
боло́то, swamp, marsh
степно́й (adj. from степь, f.), steppe

6–10

до́лгое вре́мя, (for) a long time
коче́вник, nomad
орда́, horde
во́инственный, warlike, belligerent
вса́дник, horseman, rider
проника́ть imp., to penetrate
ло́шадь (f.), horse

11–15

течь imp., to flow

16–20

лови́ть imp., to catch
ры́ба, fish
охо́титься imp., to hunt
охо́та, hunting
собира́ть imp., to gather, to collect
мёд, honey
воск, wax
ди́кий, wild
пчела́, bee

лесно́й (adj. from лес), forest
по́чва, soil, ground
плодоро́дный, fertile
опа́сный, dangerous
опа́сно (adv.), dangerous
из-за + gen., because of

21–25

защи́та, protection, defense
гла́вный, main, chief, principal
гла́вным о́бразом, mainly, chiefly
земледе́лие, agriculture
земледе́лец, agriculturist, farmer
заня́тие, occupation
обраба́тывать imp., to cultivate
сло́жный, complicated, complex

26–30

сло́жно (adv.), complex, complicated
выжига́ть imp., to burn (trans.)
уча́сток, strip, plot
остава́ться imp., to remain
зола́, ashes
удобре́ние, fertilizer
дово́льно, fairly, quite
урожа́й, crop, harvest
истоща́ться imp. to become exhausted
дви́гаться imp. to move

31–35

поздне́е (comp. of по́здний), later

стать *prf.* (+ *an imp. infinitive*), to begin, to start

пахáть *imp.*, to plough, to till

пóмощь (*f.*), help, assistance; при пóмощи, with the help of

сохá, plough

благодаря + *dat.*, thanks to

тéхника, technique, equipment

36–40

ужé не, no longer

переходи́ть *imp.*, to move (to another place) (*intr.*)

полу-кочéвник, seminomad

к девя́тому, by—, toward the ninth

век, century

заселённый, settled, populated

41–45

плéмя, *n.*, (*pl.* племенá), tribe

прéдок, ancestor, forefather

по óбе стороны́, on both sides, on either side

Карпáтские гóры, Carpathian Mountains

доходи́ть *imp.*, *with* до + *gen.*, to reach, to go as far as, to extend to

фи́нский, Finnish, of Finland

зали́в, gulf, bay

УПРАЖНЕНИЯ

A.   Переведи́те э́ти вопрóсы на рýсский язы́к и отвéтьте на них пóлными предложéниями (sentences):

1. What part of the Russian plain did the forests cover in ancient times?
2. Where was the land most fertile?
3. Why was it dangerous to live in the steppes?
4. Thanks to what did the land begin to yield (give) better crops?
5. Who were the ancestors of the Russians and the Ukrainians?
6. What river separates New York City from another state? (Hudson, Гудзóн)

B.   Отвéтьте на э́ти вопрóсы по-рýсски:

1. Кáк называется пóчва, котóрая принóсит хорóшие урожáи?
2. Чéм глáвным óбразом занимáлись дрéвние славя́не?
3. Что такóе кочéвник?
4. Что такóе земледéлец?

Глава́ четвёртая

ОБЩЕСТВЕННЫЙ СТРОЙ СЛАВЯН — ПУТЬ В ВИЗАНТИЮ — ВАРЯГИ

В дре́вние времена́ ка́ждое из славя́нских племён состоя́ло из не́скольких родо́в, а ро́д состоя́л из не́скольких семе́й, кото́рые происходи́ли от о́бщих пре́дков. Земля́ была́ со́бственностью ро́да.

5 Поздне́е, когда́ восто́чные славя́не рассели́лись по большо́й террито́рии, ро́д на́чал распада́ться, и семья́ ста́ла основно́й едини́цей о́бщества. Со́бственность, ра́ньше родова́я, тепе́рь ста́ла семе́йной. У главы́ семьи́ была́ о́чень больша́я вла́сть над все́й семьёй, над раба́ми, е́сли у
10 семьи́ бы́ли рабы́, и над все́м, что семье́ принадлежа́ло.

Ча́сто не́сколько семе́й объединя́лось в гру́ппы — о́бщины. Когда́ э́то бы́ло ну́жно, гла́вы семе́й собира́лись и обсужда́ли вме́сте о́бщие дела́. Тако́е собра́ние называ́лось "ве́че". Ве́че выбира́ло старе́йшин, кото́рые управ-
15 ля́ли дела́ми о́бщины.

Снача́ла ка́ждая о́бщина, и́ли да́же ка́ждая семья́, жила́ то́лько те́ми проду́ктами, кото́рые она́ сама́ производи́ла. Поздне́е ме́жду ра́зными частя́ми славя́нских земе́ль нача́лся обме́н проду́ктами. В девя́том ве́ке восто́чные сла-
20 вя́не зна́ли уже́ не то́лько обме́н проду́ктами, но и прода́жу проду́ктов, т.е. обме́н проду́ктов на де́ньги. В то́ вре́мя славя́не уже́ вели́ торго́влю с други́ми наро́дами; они́ экспорти́ровали свои́ проду́кты, мёд, во́ск, меха́ и други́е това́ры, в далёкие стра́ны, бо́льше всего́ в Ви-
25 занти́ю.[1]

Ре́ки бы́ли еди́нственными путя́ми, по кото́рым тогда́ мо́жно бы́ло перевози́ть това́ры, и пе́рвые города́ славя́н бы́ли постро́ены на во́дных путя́х, у больши́х ре́к ру́сской равни́ны.

---

[1] The term *Byzantium* (Византия) designates both the Byzantine (or Eastern Roman) Empire and its capital city, otherwise known as Constantinople (Константинополь), the present day Istanbul; the Slavs called this city Царьгра́д — the "Imperial City".

30   Путь в Константинополь, столицу Византийской империи, шёл вниз по Днепру, потом по Чёрному морю. На верхнем Днепре стоял город Смоленск, на среднем Днепре Киев.

    В торговле с Византией принимали большое участие

35   норманны, скандинавские мореплаватели, купцы и воины; восточным славянам они были известны как "варяги".[2]

    Из Балтийского моря шёл удобный водный путь, по рекам и озёрам, по которому варяги проникали в славянские земли. На этом пути стоял один из самых древних

40   русских городов, Новгород. От того места, где кончался водный путь из Балтийского моря на юг, было недалеко до начала водного пути в Чёрное море и в Византию.

    Другой речной путь, на юго-восток, шёл вниз по Волге,

45   в Каспийское море. По этому пути шла торговля с разными странами Азии.

СЛОВАРЬ

1–5
общественный, social
строй, structure, system
каждый, each, every
род, kin, clan

6–10
семья, family
происходить *imp.*, *with* от *or* из + *gen.*, to come from, to originate
общий, common
собственность, (*f.*), property
расселиться *imp.*, to settle, to spread over a territory
распадаться *imp.*, to fall apart, to disintegrate
основной, basic
единица, unit
общество, society
родовой, kin, clan (*adj.*)
семейный, family (*adj.*)
глава, head, chief

власть, (*f.*), power, authority
раб, slave

11–15
объединяться *imp.*, to unite (*intr.*)
община, community, commune
собираться *imp.*, to gather, to meet
обсуждать *imp.*, to discuss
вместе, together
дело, affair, business, matter
собрание, meeting, assembly
выбирать *imp.*, to elect, to choose
старейшина, elder
управлять *imp.*, to govern, to direct

16–20
сначала, at first
жить *imp.*, + *instr.*, to live (by means of something)
производить *imp.*, to produce
обмен, exchange
продажа, sale

[2] Варяг, Varangian, from Old Scandinavian "varing".

21–25

де́ньги, money

торго́вля, trade, commerce; вести́
торго́влю, to conduct trade

мех, fur

това́р, goods, merchandise

бо́льше всего́, most of all

26–30

еди́нственный, the only (*adj.*)

путь (*m.*), way, route

31–35

вниз, down

ве́рхний, upper, higher

принима́ть уча́стие, to take part

норма́нн, Northman

морепла́ватель (*m.*), seafarer, navi-
gator

купе́ц, merchant

36–40

изве́стен как, known as

удо́бный, convenient

удо́бен (*pred. adj.*), convenient

конча́ться, *imp.*, to end (*intr.*)

41–45

нача́ло, beginning

УПРАЖНЕНИЯ

A.   Отве́тьте на э́ти вопро́сы по-ру́сски:
1. Кому́ принадлежа́ла земля́ в дре́вние времена́?
2. Чье́й со́бственностью ста́ла земля́ поздне́е, когда́ ро́д
    на́чал распада́ться?
3. Из кого́ состоя́ло собра́ние, кото́рое обсужда́ло дела́
    о́бщины, и ка́к оно́ называ́лось?
4. По како́й реке́ шёл пу́ть из Ки́ева в Византи́ю? В како́е
    мо́ре она́ впада́ет?
5. Что тако́е "прода́жа"?
6. Что тако́е "столи́ца"?

B.   Переведи́те э́ти предложе́ния с англи́йского на ру́сский:
1. We must get together tonight in order to discuss the
    sale of the house built by our family.
2. Americans will soon elect their President (президе́нт).
3. The United States produce very many automobiles.
4. We are conducting trade with European countries.
5. Countries of South America export coffee and other pro-
    ducts.
6. He is their only son and they love him very much.
7. My wife finishes working at five, and my work ends at six.

Глава́ пя́тая

ЛЕТОПИСЬ — РЮРИК — НОРМАННЫ В ЕВРОПЕ

В Ленингра́дской библиоте́ке храни́тся дре́вний ма-
нускри́пт — "ле́топись"; э́тому манускри́пту бо́льше пяти-
со́т лет. "Ле́топись" зна́чит описа́ние истори́ческих со-
бы́тий год за го́дом; э́то сло́во происхо́дит от слов "ле́то"
5   и "писа́ть". Ле́то на ста́ром ру́сском языке́ зна́чило "год"
(мы́ и сейча́с говори́м "пя́ть лет", "ско́лько лет"). Ча́сть
э́того манускри́пта — ко́пия с ещё бо́лее дре́внего доку-
ме́нта, оригина́л кото́рого не сохрани́лся; его́ обыкно-
ве́нно называ́ют "Нача́льная ле́топись". Ле́топись писа́-
10   лась мона́хами в монастыря́х. Нача́льная ле́топись была́
напи́сана в Ки́еве в оди́ннадцатом ве́ке. Она́ расска́зывает
о собы́тиях ру́сской исто́рии с девя́того ве́ка до оди́ннад-
цатого, т.е. до того́ вре́мени, когда́ она́ была́ напи́сана.
Когда́ летопи́сцы хоте́ли рассказа́ть о то́м, что бы́ло
15   давно́ — о далёком про́шлом — они́ по́льзовались иногда́
византи́йскими хро́никами, а иногда́ и таки́ми исто́чни-
ками, как би́блия и́ли наро́дные преда́ния славя́нских, а
иногда́ и не славя́нских, наро́дов.
Нача́льная ле́топись расска́зывает, что в 862 году́ сла-
20   вя́не отпра́вили посло́в в Скандина́вию проси́ть варя́гов
пра́вить их землёй, потому́ что, как э́ти послы́ сказа́ли
варя́гам, земля́ славя́н велика́ и оби́льна, но в ней нет
поря́дка. Это приглаше́ние при́нял Рю́рик и его́ два́ бра́та.
Рю́рик стал кня́зем в Но́вгороде и основа́л дина́стию
25   Рю́риковичей, (пото́мков Рю́рика). Рю́риковичи пра́вили
страно́й до конца́ шестна́дцатого ве́ка. Эта дина́стия
ко́нчилась со сме́ртью царя́ Фёдора Ива́новича, сы́на Ива́-
на Гро́зного.[1]
Расска́з о том, как славя́не пригласи́ли Рю́рика и его́
30   бра́тьев пра́вить и́ми — легенда. Но в э́той легенде есть
элеме́нты истори́ческой пра́вды: Рю́рик явля́ется исто-
ри́ческим лицо́м и варя́ги действи́тельно сыгра́ли боль-

---

[1] Ива́н Гро́зный, Ivan the Terrible

шу́ю ро́ль в образова́нии ру́сского госуда́рства. Норма́нны на́чали появля́ться у се́верных берего́в Евро́пы в конце́
35 восьмо́го ве́ка. По ре́кам они́ проника́ли вглубь контине́нта. Позднее ло́дки скандина́вцев появля́ются в Средиземном мо́ре и в Чёрном. До́лгое вре́мя их рейды держа́ли в стра́хе За́падную Евро́пу. Иногда́ норма́нны появля́лись, гра́били населе́ние и пото́м возвраща́лись в Скандина́вию.
40 Иногда́ они́ остава́лись на не́которое вре́мя и собира́ли с населе́ния да́нь. Позднее они́ ста́ли захва́тывать зе́мли, на кото́рых они́ остава́лись оконча́тельно. Та́к, в конце́ девя́того ве́ка, они́ захвати́ли часть се́верной Фра́нции, кото́рая и тепе́рь называ́ется Норма́ндия.
45 Норма́нны, и́ли варя́ги, бы́ли не то́лько грабителями и завоева́телями, они́ бы́ли та́кже купца́ми. Они́ вели́ морску́ю торго́влю с далёкими стра́нами, куда́ они́ вози́ли това́ры по моря́м и ре́кам.

Во́дные пути́, кото́рые шли́ по ру́сской равни́не из Бал-
50 ти́йского мо́ря в Чёрное мо́ре по Днепру́, и́ли по Во́лге на восто́к, как мы уже́ сказа́ли ра́ньше, бы́ли о́чень удо́бны для варя́гов. Варя́жские во́ины-купцы́ появля́ются на э́тих путя́х в середи́не девя́того ве́ка.

СЛОВАРЬ

1–5

ле́топись (*f.*), chronicle, annals
храни́ться *imp.*, to be kept, to be preserved; сохрани́ться *prf.*, to have been preserved
зна́чить *imp.*, to mean
описа́ние, description
собы́тие, event
го́д за го́дом, year after year

6–10

обыкнове́нно, ordinarily, usually
нача́льный, initial
писа́ться *imp.*, to be written
мона́х, monk

11–15

летопи́сец, chronicler, annalist
про́шлое, the past
(*adj. used as a n. noun*)

по́льзоваться, *imp.*, to use, to make use of

16–20

хро́ника, chronicle
исто́чник, source
наро́дный, popular, folk
преда́ние, legend, tradition
расска́зывать, *imp.*, to tell, to narrate
отпра́вить *prf.*, to send
посо́л, envoy, ambassador
проси́ть, *imp.*, to ask, to request

21–25

пра́вить *imp.*, + *instr.*, to rule over, to govern
вели́к/ий, great, vast
оби́льный, plentiful
оби́лен (*pred. adj.*), plentiful

поря́док, order
приглаше́ние, invitation
приня́ть *prf.*, to accept
пото́мок, descendant

26-30

смерть (*f.*), death
пригласи́ть *prf.*, to invite

31-35

пра́вда, truth
явля́ться *imp.*, + *instr.*, to be (to be someone or something)
действи́тельно, actually
сыгра́ть *prf.*, to play
роль (*f.*), role, part
образова́ние, formation
госуда́рство, state (country)
появля́ться *imp.*, to appear, to come
вглубь (*adv.*), deep into

36-40

ло́дка, boat

Средизе́мное мо́ре, Mediterranean Sea
ре́йд, raid
держа́ть *imp.*, to keep, to hold
страх, fear, dread
гра́бить *imp.*, to pillage, to sack
возвраща́ться *imp.*, to return (*intr.*)
не́которое вре́мя, (for) a certain time

41-45

дань (*f.*), tribute
захва́тывать *imp.*, захвати́ть *prf.*, to seize
оконча́тельно, definitely, finally
грабитель, pillager, plunderer

46-50

завоева́тель, conqueror
морско́й (*adj.* from мо́ре), maritime, naval

51-53

середи́на, middle

УПРАЖНЕНИЯ

A. Отве́тьте на э́ти вопро́сы по-ру́сски:
1. Что́ тако́е нача́льная ле́топись?
2. Что тако́е летопи́сец?
3. Кто́ бы́л Рю́рик?
4. В како́м ве́ке ко́нчилась дина́стия Рю́риковичей?
5. Че́м занима́ются купцы́?
6. Кто́ живёт в монастыря́х?

B. Переведи́те на ру́сский язы́к:
1. We received an invitation from our old friends and decided to accept it; I think that they want to tell us about Western Europe, where they were in the summer.
2. He founded a very large business.
3. He keeps copies of all the letters he writes.
4. He usually appears after dinner, but he never stays very long.
5. The writer about whom we spoke lived in the middle of the last century.
6. In her letters from Scandinavia, she gave us a day by day description of her life there.

Глава́ шеста́я

НАЧАЛО КИЕВСКОЙ РУСИ

Во́дный путь в Византи́ю был нелёгким. На э́том пути́ бы́ло одно́ осо́бенно опа́сное ме́сто, то ме́сто, где Днепр де́лает ре́зкий поворо́т на юго-за́пад и где нахо́дятся днепро́вские поро́ги. Тепе́рь Днепрогэ́с, одна́ из са́мых

5 больши́х гидроэлектри́ческих ста́нций в Сове́тском Сою́зе, превраща́ет огро́мную эне́ргию поро́гов в электри́ческую эне́ргию. Вме́сте с тем, да́же больши́е парохо́ды мо́гут тепе́рь проходи́ть по Днепру́; благодаря́ плоти́не Днепрогэ́са и систе́ме шлю́зов Днепр стал судохо́дной реко́й.

10 Но в ста́рые времена́ ло́дки с това́рами, кото́рые купцы́ везли́ в Византи́ю, не могли́ здесь пройти́ из-за поро́гов; това́ры и ло́дки приходи́лось переноси́ть здесь по бе́регу. Это была́ са́мая опа́сная часть путеше́ствия. В девя́том ве́ке в ю́жных степя́х, по о́бе стороны́ Днепра́, коче-

15 ва́л вои́нственный наро́д, прише́дший из А́зии — печене́ги. Печене́ги ча́сто напада́ли на купцо́в, и э́то ме́сто бы́ло осо́бенно удо́бно для их нападе́ний.

В те времена́ нельзя́ бы́ло вести́ торго́влю без вооружённой охра́ны. Города́ то́же ну́жно бы́ло охраня́ть. Ки́ев,

20 са́мый большо́й из славя́нских городо́в, был совсе́м недалеко́ от зо́ны степны́х коче́вников. Охра́ной от коче́вников служи́ли отря́ды во́инов — "дружи́ны". В дружи́нах бы́ло мно́го варя́жских во́инов. Ча́сто во главе́ дружи́ны стоя́л варя́г.

25 Внача́ле варя́ги вероя́тно са́ми гра́били славя́нских купцо́в и славя́нские города́. Но у славя́н и у варя́гов бы́ли о́бщие торго́вые интере́сы и о́бщие враги́, степны́е коче́вники, и гра́бить славя́н бы́ло ме́нее вы́годно варя́гам, чем вести́ торго́влю вме́сте с ни́ми и защища́ть их.

30 Глава́ большо́й дружи́ны называ́лся "князь". Иногда́ тако́й князь станови́лся хозя́ином како́го-нибу́дь го́рода, а пото́м и о́бласти, кото́рая его́ окружа́ла. Вероя́тно, в не́которых слу́чаях князь со свои́ми во́инами захва́тывал власть си́лой, а в други́х слу́чаях старе́йшины и ве́че

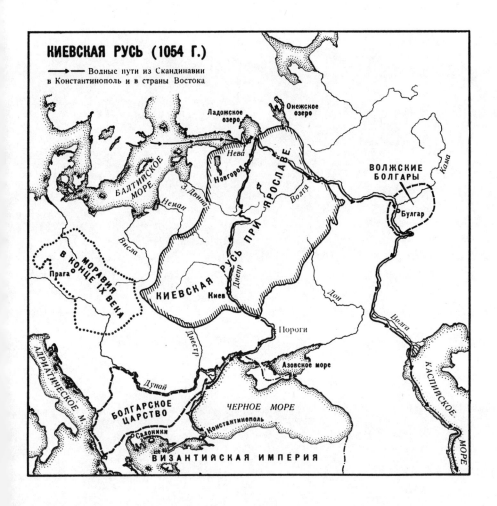

КИЕВСКАЯ РУСЬ (1054 Г.)

→ Водные пути из Скандинавии
в Константинополь и в страны Востока

Ладожское
озеро
Онежское
озеро

Нева

Новгород

Волга

БАЛТИЙСКОЕ
МОРЕ

З.Двина

Неман

Висла

ВОЛЖСКИЕ
БОЛГАРЫ

Кама

Булгар

МОРАВИЯ
В КОНЦЕ IX ВЕКА

Прага

КИЕВСКАЯ РУСЬ ПРИ ЯРОСЛАВЕ

Киев

Днепр

Дон

Волга

Днестр

Пороги

АДРИАТИЧЕСКОЕ М.

Дунай

Азовское море

КАСПИЙСКОЕ МОРЕ

БОЛГАРСКОЕ
ЦАРСТВО

ЧЕРНОЕ МОРЕ

Салоники

Константинополь

ВИЗАНТИЙСКАЯ ИМПЕРИЯ

35 соглашáлись с кня́зем, главóй дружи́ны, что óн бýдет за-
    щищáть гóрод и окружáющую óбласть, т.е. кня́жество,
    и за э́то бýдет получáть дáнь.
        Вначáле, слéдовательно, кня́зь был прéжде всегó гла-
    вóй дружи́ны, котóрый защищáл населéние и получáл
40 с негó дáнь. Нó постепéнно рóль кня́зя рослá. Онá рослá
    потомý что у востóчных славя́н создавáлись нóвые усло́-
    вия жи́зни. Развивáлась торгóвля. Росли́ городá, и их
    населéние увели́чивалось. Городá станови́лись цéнтрами
    больши́х областéй. Рáньше, когдá земледéлие бы́ло еди́н-
45 ственным заня́тием населéния, кáждая óбщина жилá сво-
    éй отдéльной жи́знью; вéче и старéйшины управля́ли
    мéстными делáми. Тепéрь появля́лось всё бóльше óбщих
    интерéсов, котóрые свя́зывали вмéсте отдéльные чáсти
    славя́нских земéль. Стáла нужнá нóвая фóрма влáсти;
50 стáл нýжен óбщий цéнтр. Таки́м óбщим цéнтром стáл
    Ки́ев, и влáсть ки́евских князéй распространи́лась на боль-
    шýю территóрию. Пéрвые ки́евские князья́ вели́ поли́тику
    завоевáний в свои́х интерéсах; они́ старáлись увели́чить
    территóрию, где они́ могли́ собирáть дань. Нó, в резуль-
55 тáте э́той поли́тики, к началý Х-го вéка вокрýг Ки́ева
    объедини́лись под их влáстью почти́ все зéмли востóчных
    славя́н и образовáлось большóе госудáрство — Ки́евская
    Русь.[1]

СЛОВАРЬ

1–5
рéзкий, sharp
поворóт, turn
порóги, rapids
гидроэлектри́ческая стáнция, hydro-
    electric power plant

6–10
превращáть *imp.*, to transform
вмéсте с тéм, at the same time
парохóд, steamship
плоти́на, dam

шлюз, lock
судохóдный, navigable

11–15
приходи́лось *imp.*, one had to, it
    was necessary
переноси́ть *imp.*, to carry, to trans-
    port
путешéствие, travel, journey
кочевáть *imp.*, to wander, to rove
пришéдший, who/which came, had
    come

[1] Русь, the old form of Россия, was probably derived from "Ruotsi," a
name given by the Finns to one of the Scandinavian tribes; "русь" later
became the name of all Scandinavians as opposed to Slavs; and, finally, was
generalized to become the name of Kievan Russia.

16–20

нападáть *imp.*, *with* на + *acc.*, to fall upon, to attack
нападéние, attack
вооружён/ный, armed
охрáна, guard
охранЯть *imp.*, to guard

21–25

служить *imp.*, to serve
отрЯд, detachment
во главé, at the head, leading
вероятно, probably

26–30

враг, enemy, foe
мéнее, less
выгодный, profitable, advantageous
защищáть *imp.*, to defend, protect

31–35

становиться *imp.*, + *instr.*, to become
хозЯин, master
óбласть (*f.*), area, district, region
окружáть *imp.*, to surround
слýчай, case, instance, opportunity
сила, force
соглашáться *imp.*, to agree

36–40

окружáющий, surrounding

кнЯжество, principality
слéдовательно, consequently
прéжде всегó, first of all, in the first place
постепéнный, gradual
постепéнно, gradually

41–45

создавáться *imp.*, to be created, to come into existence
услóвие, condition
развивáться *imp.*, to develop
увеличиваться *imp.*, to increase, to grow

46–50

отдéльный, separate
мéстный, local
всё бóльше, more and more
свЯзывать *imp.*, to tie together

51–55

распространиться *imp.*, to spread, to expand
политика, policy; вести политику, to conduct a policy
завоевáние, conquest
старáться *imp.*, to strive, to endeavor
вокрýг, around

56–58

образовáться *imp.*, to be formed

УПРАЖНЕНИЯ

A. Отвéтьте по-рýсски на слéдующие вопрóсы:
1. Какáя часть вóдного пути в Византию былá осóбенно опáсной?
2. Какóй нарóд нападáл на славЯнских купцóв? Откýда Этот нарóд пришёл?
3. Какóй гóрод стал политическим цéнтром востóчных славЯн? На какóй рекé он стоЯл?
4. Далекó ли Этот гóрод находился от южных степéй?
5. Что такóе "судохóдная рекá"?

B. Переведи́те на ру́сский:
1. Now even large ships pass along this river.
2. I will tell you about the most interesting part of our trip.
3. This road is dangerous because it makes many sharp turns.
4. We have many common interests.
5. The population of this city is rapidly increasing and it is becoming a large center.
6. His enemies say that he loves power and wants to become the master of our town.
7. First of all we must talk about local affairs.
8. My father used to collect old Russian manuscripts.

Глава́ седьма́я

ПЕРВЫЕ КНЯЗЬЯ

Когда́ Рю́рик, основа́тель варя́жской дина́стии, у́мер, его́ сы́н И́горь был ещё ребёнком, и прави́телем кня́жества ста́л ро́дственник Рю́рика, Оле́г.

5 Тру́дно сказа́ть, всё ли ве́рно в расска́зе ле́тописи о том, как Оле́г со свое́й дружи́ной отпра́вился из Но́вгорода на юг, по пути́, хорошо́ изве́стному варя́гам, и захвати́л Ки́ев. Ве́рно, во вся́ком слу́чае, что под вла́стью Оле́га был и Но́вгород, и Ки́ев, и мно́го други́х городо́в и кня́жеств, и ве́сь во́дный пу́ть с се́вера до Ки́ева. Захва-
10 ти́в Ки́ев, Оле́г сде́лал его́ свое́й столи́цей и ста́л называ́ть его́ "ма́терью ру́сских городо́в."

Оле́г пра́вил кня́жеством мно́го ле́т, до са́мой свое́й сме́рти. Повиди́мому, он не спеши́л переда́ть власть И́горю, но возмо́жно, что и И́горь не осо́бенно стреми́лся
15 к вла́сти. Оле́г был му́дрым прави́телем и хра́брым во́ином. Он покори́л славя́нские племена́, кото́рые не признава́ли вла́сти ки́евского кня́зя и соверши́л не́сколько похо́дов, бо́льшею ча́стью уда́чных, про́тив ра́зных наро́дов и госуда́рств, в то́м числе́ и про́тив Византи́и. За
20 вре́мя правле́ния Оле́га ки́евское госуда́рство окре́пло и его́ террито́рия увели́чилась.

В ле́тописи е́сть расска́з о сме́рти Оле́га. Этот расска́з — одна́ из те́х леге́нд, ра́зные вариа́нты кото́рых мо́жно найти́ и в ру́сских ле́тописях, и в скандина́вских са́гах, и
25 в византи́йских хро́никах. Во́т что мо́жно прочита́ть в ле́тописи. У Оле́га был ко́нь, кото́рого он о́чень люби́л. Одна́жды бы́ло сде́лано предсказа́ние, что э́тот конь бу́дет причи́ной его́ сме́рти. Снача́ла Оле́г не хоте́л ве́рить э́тому предсказа́нию, но пото́м пове́рил и о́тдал коня́
30 свои́м во́инам, приказа́в им о нём забо́титься. Прошло́ не́сколько ле́т. Одна́жды, верну́вшись из похо́да, Оле́г вспо́мнил о своём коне́ и спроси́л о нём. Оказа́лось, что ко́нь у́мер. Услы́шав э́то, Оле́г стал сме́яться над предсказа́нием: оно́, коне́чно, уже́ не сбу́дется, раз ко́нь у́мер,

35 а о́н са́м жи́в! О́н пожале́л, что о́тдал своего́ коня́ и сказа́л,
    что хо́чет посмотре́ть на его́ ко́сти. Когда́ о́н со свои́ми
    во́инами подошёл к тому́ ме́сту, где́ они́ лежа́ли, из че́-
    репа коня́ вы́ползла змея́ и укуси́ла Оле́га в но́гу. Че́рез
    не́сколько дне́й о́н у́мер от э́того уку́са. Та́к сбыло́сь
40 предсказа́ние о то́м, что ко́нь бу́дет причи́ной его́ сме́рти.
    Леге́нда о сме́рти Оле́га послужи́ла те́мой Пу́шкину, зна-
    мени́тому ру́сскому поэ́ту; его́ стихотворе́ние, напи́сан-
    ное на э́ту те́му в 1822 году́, сде́лало леге́нду о́чень по-
    пуля́рной в Росси́и.
45   Когда́ Оле́г у́мер, от уку́са змей, и́ли от друго́й при-
    чи́ны, И́горь наконе́ц ста́л ки́евским кня́зем. Об И́горе
    изве́стно, что о́н соверши́л неуда́чный похо́д про́тив Кон-
    стантино́поля; други́х све́дений о нём сохрани́лось ма́ло.
    Повиди́мому о́н ничего́ осо́бенно замеча́тельного не сде́-
50 лал. По расска́зу ле́тописи, кня́зь И́горь был уби́т древ-
    ля́нами, одни́м из бо́лее ди́ких славя́нских племён. Одна́ж-
    ды, расска́зывает ле́топись, И́горь со свое́й дружи́ной от-
    пра́вился собира́ть с древля́н да́нь. Получи́в всё, что о́н
    потре́бовал, И́горь напра́вился домо́й, в Ки́ев.
55   Но по доро́ге о́н реши́л, что собра́л недоста́точно, что
    с древля́н мо́жно получи́ть бо́льше. Посла́в домо́й бо́ль-
    шую ча́сть дружи́ны с со́бранной да́нью, И́горь, с небол-
    шо́й охра́ной, сно́ва отпра́вился к древля́нам. Когда́ И́горь
    верну́лся к древля́нам с бо́льшими тре́бованиями, их
60 кня́зь сказа́л, что е́сли не уби́ть во́лка, кото́рый унёс одну́
    овцу́, то о́н унесёт все́х ове́ц, одну́ за друго́й: И́горя на́до
    уби́ть. Древля́не послу́шались своего́ кня́зя и уби́ли И́горя
    и его́ во́инов.
        Когда́ И́горь бы́л уби́т, его́ сын, Святосла́в, бы́л ещё
65 ма́леньким ребёнком и кня́жеская вла́сть перешла́ к его́
    жене́, княги́не О́льге. Ле́топись подро́бно расска́зывает о
    то́м, как княги́ня О́льга отомсти́ла древля́нам за сме́рть
    своего́ му́жа. Ну́жно сказа́ть, что расска́з летопи́сца о
    ра́зных эпизо́дах э́той ме́сти про́сто повторя́ет ста́рые
70 византи́йские леге́нды. Доба́вим, что летопи́сец говори́т
    без вся́кого осужде́ния о ра́зных хи́тростях О́льги и о её
    жесто́кости; о́н, повиди́мому, счита́л, что жесто́кая ме́сть
    за сме́рть му́жа была́ её до́лгом.
        Су́дя по ле́тописи и по други́м исто́чникам, княги́ня

75 Óльга былá жéнщиной óчень ýмной, спосóбной и энер-
    гѝчной. Онá установѝла порядок в княжестве и определѝ-
    ла тóчный размéр дáни. Извéстно тáкже, что онá éздила
    в Константинóполь и, вероятно в Константинóполе, во
    врéмя своéй поéздки, принялá христиáнство.

СЛОВАРЬ

1–5

основáтель (*m.*), founder
умерéть *prf.*, (*m. past*), ýмер, to die
ребёнок, child
правѝтель (*m.*), ruler
рóдственник, relative
вéрно, (it is) true, (it is) exact
отпрáвиться *prf.*, to go, to set out

6–10

захватѝть *prf.*, to seize, to capture
во всяком слýчае, in any case, at
    any rate

11–15

до сáмой своéй смéрти, till his very
    death
повѝдимому, apparently, evidently
спешѝть *imp.*, to hurry, to hasten
передáть *prf.*, to pass on, to transmit
осóбенно, particularly, especially
стремѝться *imp.*, to strive for, to
    aspire
мýдрый, wise
хрáбрый, courageous, brave,
    valiant

16–20

покорѝть *prf.*, to subdue, to conquer,
    to subjugate
признавáть *imp.*, to recognize
совершѝть *prf.*, to make, to perform,
    to accomplish
похóд, campaign, military expedition
бóльшею чáстью, for the most part,
    mostly
удáчный, successful, lucky
в том числé, including, among
за врéмя, during the time

окрéпнуть *prf.*, to become strong, to
    gain strength

26–30

конь (*m.*), horse (*military and poetic*)
однáжды, once, one day, once upon
    a time
оказáлось, it turned out
предсказáние, prophesy
причѝна, cause
вéрить *imp.*, to believe
отдáть *prf.*, to give (away)
приказáв, having ordered, ordering
забóтиться *imp.*, *with* о + *prep.*, to
    take care of, to look after

31–35

вернýвшись, having returned, return-
    ing
вспóмнить *prf.*, to remember, to re-
    call
услышав, having heard, hearing
смеяться *imp.*, *with* над + *instr.*, to
    make fun of, to laugh at
сбыться *prf.*, to come true
раз, since, if
пожалéть *prf.*, to regret, to be sorry

36–40

кость (*f.*), bone
чéреп, skull
выползти *prf.*, to creep out, to crawl
    out
змея, snake
укусѝть *prf.*, to bite
укýс, bite

41–45

послужѝть *prf.*, to serve

знамени́тый, famous, celebrated
стихотворе́ние, poem

46–50

наконе́ц, finally, at last
све́дение, information (often *pl.*
  све́дения, news)
замеча́тельный, remarkable

51–55

получи́в, having received, receiving
потре́бовать *prf.*, to demand
напра́виться *prf.*, to head for
недоста́точно, insufficient (ly)

56–60

посла́в, having sent, sending
тре́бование, demand
волк, wolf

61–65

овца́, sheep
послу́шаться *prf.*, to obey

66–70

подро́бно, in detail

отомсти́ть *prf.*, to take vengeance
  (for), to avenge
месть (*f.*), vengeance
повторя́ть *imp.*, to repeat
доба́вить *prf.*, to add; доба́вим, let
  us add

71–75

хи́трость (*f.*), ruse, cunning
жесто́кость (*f.*), cruelty
осужде́ние, censure, condemnation
повиди́мому, apparently evidently
счита́ть *imp.*, to consider
долг, duty
су́дя по + *dat.*, judging by
у́мный, intelligent
спосо́бный, able, capable, gifted

76–79

установи́ть *prf.*, to establish
определи́ть *prf.*, to determine, to
  define
то́чный, exact
разме́р, amount, size
приня́ть *prf.*, to adopt, to embrace

УПРАЖНЕНИЯ

A. Отве́тьте по-ру́сски на сле́дующие вопро́сы:
1. Ке́м бы́л Оле́г и ка́к о́н ста́л ки́евским кня́зем?
2. Каки́е бы́ли результа́ты его́ правле́ния?
3. Кака́я сме́рть была́ предска́зана Олегу́? Сбыло́сь ли э́то предсказа́ние?
4. Кто́ бы́ли древля́не и за что́ они́ уби́ли кня́зя И́горя?
5. Умерла́ ли княги́ня О́льга язы́чницей?

B. Переведи́те на ру́сский язы́к:
1. Their child is very intelligent and gifted.
2. I felt sorry that I had laughed at him.
3. I couldn't recall the name of their relative.
4. Judging by this poem, he is a remarkable poet.
5. Apparently you do not believe his story.
6. I consider that he gave us insufficiently exact data.

Глава́ восьма́я

СВЯТОСЛАВ — ВО́ЙНЫ С БОЛГА́РИЕЙ И ВИЗАНТИ́ЕЙ

При пе́рвых князья́х торго́вля ме́жду Ки́евом и Византи́ей продолжа́ла развива́ться. Обыкнове́нно ра́з в го́д в Византи́ю отправля́лся большо́й карава́н, кото́рый под охра́ной во́инов, вёз ра́зные това́ры: меха́, во́ск и други́е

5 проду́кты славя́нских земе́ль, а та́кже рабо́в. Сохрани́лся те́кст не́скольких торго́вых догово́ров ме́жду ки́евскими князья́ми и Византи́ей, заключённых в нача́ле деся́того ве́ка. По одному́ тако́му догово́ру, в Константино́поль ну́жно бы́ло зара́нее посыла́ть спи́сок купцо́в и во́инов,

10 кото́рые туда́ е́хали. Эти во́ины и купцы́ должны́ бы́ли жи́ть в одно́м из при́городов Константино́поля, а в са́мый го́род их пуска́ли то́лько че́рез одни́ воро́та, не бо́льше пяти́десяти сра́зу и бе́з ору́жия.

Князья́ са́ми то́же принима́ли уча́стие в торго́вле с

15 Византи́ей. Они́ ча́сто получа́ли да́нь с населе́ния не деньга́ми, а проду́ктами. Ча́сть э́тих проду́ктов они́ посыла́ли на прода́жу в Константино́поль, вме́сте с те́ми това́рами, кото́рые туда́ везли́ купцы́.

Кро́ме э́тих торго́вых экспеди́ций, как мы уже́ зна́ем,

20 при Оле́ге и при И́горе бы́ло та́кже и не́сколько вое́нных экспеди́ций про́тив Константино́поля. Позднее ки́евские князья́ воева́ли иногда́ про́тив Византи́и, а иногда́ в сою́зе с Византи́ей, про́тив о́бщих враго́в. Кня́зь Святосла́в И́горевич одно́ вре́мя был сою́зником Византи́и в борьбе́,

25 кото́рую она́ вела́ с Болга́рией.

В те времена́ бы́ло две́ Болга́рии, два болга́рских ца́рства: одно́ на Балка́нском полуо́строве, а друго́е на сре́дней Во́лге. Болга́ры, оди́н из тю́ркских коче́вых наро́дов ю́жно-ру́сских степе́й, раздели́лись на две́ ча́сти. Одна́

30 ча́сть пошла́ на се́вер и основа́ла Болга́рское ца́рство на сре́дней Во́лге; э́то ца́рство просуществова́ло до трина́дцатого ве́ка.

Друга́я ча́сть болга́рского наро́да пошла́ по степя́м на за́пад. В седьмо́м ве́ке э́ти болга́ры перешли́ Дуна́й и

35 проникли на Балканский полуостров, на территорию, где
жили южные славяне, соседи Византии. Болгары, войст-
венные кочевники, стали властвовать над славянами, мир-
ными земледельцами, и основали болгарское царство.
Славяне, однако, были в большинстве, и болгары посте-
40 пенно смешались с ними, забыли свой язык и стали гово-
рить на языке славян. Но страна на юг от Дуная, Болгария, сохранила название этого тюркского народа до на-
шего времени.

В девятом веке Болгария приняла христианство и бла-
45 годаря соседству с Византией стала богатой и культур-
ной страной.

Во второй половине десятого века Византия вела войну с Болгарией и должна была просить помощи у киев-
ского князя, Святослава. Святослав, сын Игоря и Ольги,
50 был знаменитым воином, который победил всех восточ-
ных соседей киевской Руси. Несмотря на то, что мать
его, княгиня Ольга, была христианкой, Святослав остался
язычником. Этот храбрый и войнственный князь никогда
не нападал на врага, не предупредив его заранее о своём
55 намерении: он любил, чтобы враг был готов к встрече
с ним. Святослав согласился помочь грекам и завоевал
Болгарию. Болгария ему так понравилась, что он решил
остаться в её столице, говоря, что здесь, в столице Болгарии, "середина его земель". Он считал завоёванную им
60 Болгарию своей собственностью. Болгарская столица в
то время действительно была центром, куда привозили
товары из разных стран: греки привозили туда золо-
то, ткани, вина и плоды; чехи — серебро и лошадей; из
Руси привозили рабов, меха и мёд. Но Византия не хо-
65 тела иметь такого сильного и войнственного соседа, и
в то время, когда Святослав был в Болгарии, вероятно
по совету Византии, на Киев напали печенеги. Святослав
отправился в Киев, прогнал печенегов в степь, но потом
снова вернулся в Болгарию. Тогда Византия начала про-
70 тив него войну. После долгой борьбы, Святослав наконец
был побеждён. В 971 году Византия заключила с ним
мир, и Святослав, с оставшимися воинами, отправился в
Киев. Но по дороге, у днепровских порогов, на них напали печенеги и Святослав был убит.

СЛОВАРЬ

1–5

продолжа́ть *imp.*, to continue; to go on (*intr.*)

6–10

торго́вый, trade (*adj.*), commercial
догово́р, treaty, agreement
заключённый, concluded, made
зара́нее, beforehand, in advance, ahead of time
посыла́ть *imp.*, to send
спи́сок, list

11–15

при́город, suburb
са́мый (го́род), (the city) itself
пуска́ть *imp.*, to let
воро́та (*pl.* only), gate
сра́зу, at a time, at once
ору́жие, arms, weapons

16–20

кро́ме + *gen.*, besides, in addition
вое́нный, war (*adj.*), military

21–25

воева́ть *imp.*, to wage war, to make war, to be at war
сою́з, alliance
одно́ вре́мя, at one time
сою́зник, ally
борьба́, struggle
Болга́рия, Bulgaria

26–30

ца́рство, tsardom; kingdom
балка́нский, Balkan (*adj.*)
полуо́стров, peninsula
тю́ркский, Turkic
раздели́ться *prf.*, to divide, to separate (*intr.*)

31–35

просущество́вать *prf.*, to exist (for a certain time)
перейти́ *prf.*, + *acc.*, to cross

Дуна́й, Danube

36–40

вла́ствовать *imp.*, *with* над + *instr.*, to rule (over)
ми́рный, peaceful
одна́ко, however
большинство́, majority
смеша́ться *prf.*, *with* с + *instr.*, to merge, to mix (with)

41–45

сосе́дство, nearness, proximity, vicinity

46–50

вести́ войну́, to wage war, to conduct war
победи́ть *prf.*, to defeat, to be victorious

51–55

несмотря́ на + *acc.*, despite, in spite of
язы́чник, pagan
не предупреди́в, without warning, without giving notice
наме́рение, intention
гото́в/ый, *with* к + *dat.*, ready (for)
встре́ча, encounter, meeting

56–60

согласи́ться, *prf.*, to agree
помо́чь *prf.*, + *dat.*, to help
грек, Greek (*noun*)
завоева́ть *prf.*, to conquer
так, (*here*) so much, so well
понра́виться *prf.*, to please, to be liked; ему́ понра́вилась Болга́рия, he liked Bulgaria
реши́ть *prf.*, to decide
говоря́, saying (*pres. part.*)
счита́ть, (*here*) to regard
завоёванный, conquered

61–65

привози́ть *imp.*, to bring

зо́лото, gold
ткань (f.), fabric, textile
плод, fruit
серебро́, silver

66-70

сове́т, advice

прогна́ть, *prf.*, to drive away
верну́ться *prf.*, to return

71-74

(был) побеждён, (was) defeated
мир, peace
оста́вшийся, remaining

УПРАЖНЕНИЯ

A.   Отве́тьте по-ру́сски:

1. Почему́ славя́н, кото́рые приезжа́ли в Константино́поль, пуска́ли в са́мый го́род ма́ленькими гру́ппами и без ору́жия?
2. Отку́да у князе́й бы́ли те́ това́ры, кото́рые они́ посыла́ли продава́ть в Константино́поль?
3. Почему́ одна́ из стра́н Балка́нского полуо́строва называ́ется Болга́рией?
4. Была́ ли Византи́я дово́льна свои́м сою́зником Святосла́вом?
5. Ка́к у́мер кня́зь Святосла́в?

B.   Переведи́те на ру́сский язы́к:

1. He left without giving me notice (warning me) in advance.
2. He decided to sign the agreement in spite of the advice of his brother and of the majority of his relatives.
3. He sent me a list of the books he will bring when he returns.
4. The allies were ready to make (conclude) peace.
5. We very much liked the ancient city on that little peninsula.
6. Several countries took part in expeditions to the South Pole.

IX

Глава́ девя́тая

НАЧА́ЛО ПИ́СЬМЕННОСТИ У СЛАВЯ́Н — СЛАВЯ́НСКИЕ АЛФАВИ́ТЫ

Исто́рия славя́нской пи́сьменности начина́ется в девя́-
том ве́ке. В то́ вре́мя в сре́дней Евро́пе бы́ло большо́е
славя́нское госуда́рство — кня́жество Мора́вия. Его́ на-
селе́ние бы́ло в большинстве́ язы́ческим. В 862 году́ мо-
5 ра́вский кня́зь Ростисла́в (о́н са́м был христиани́н) обра-
ти́лся с про́сьбой к византи́йскому импера́тору присла́ть
в Мора́вию учителе́й, кото́рые могли́ бы учи́ть жи́телей
Мора́вии христиа́нской ве́ре на их родно́м, славя́нском,
языке́.
10 Христиа́нская це́рковь оконча́тельно раздели́лась на две́
форма́льно незави́симые це́ркви, ри́мско-католи́ческую, и
гре́ческую (по-ру́сски "правосла́вную"), то́лько в середи́-
не оди́ннадцатого ве́ка. Но́ настоя́щее еди́нство бы́ло
потеряно гора́здо ра́ньше. Уже́ в девя́том ве́ке бы́ло
15 два́ це́нтра, две́ сфе́ры влия́ния, две́ церко́вные иера́рхии,
за́падная, во главе́ с ри́мским па́пой, и восто́чная, во гла-
ве́ с константино́польским патриа́рхом. Византи́йская им-
пе́рия была́ гла́вной полити́ческой си́лой в восто́чной
сфе́ре. На за́паде же, осо́бенно в сре́дней Евро́пе, тако́й
20 си́лой бы́ло герма́нское короле́вство. Мора́вский кня́зь
бы́л одно́ вре́мя васса́лом герма́нского короля́; террито́-
рия, на кото́рой находи́лось его́ кня́жество, счита́лась
террито́рией ри́мской це́ркви, и была́ под вла́стью гер-
ма́нских епи́скопов. Кня́зь Ростисла́в хоте́л быть незави́-
25 симым и от ни́х, и от герма́нского короля́. Это была́
одна́ из причи́н, почему́ о́н обрати́лся со свое́й про́сьбой
присла́ть миссионе́ров не к Ри́му, а к Константино́полю.
Но́ для э́того была́ и друга́я причи́на. Языко́м за́пад-
ной це́ркви бы́л лати́нский язы́к; в сре́дней Евро́пе гер-
30 ма́нские епи́скопы и миссионе́ры стара́лись распростра-
ня́ть э́тот язы́к вме́сте с христиа́нской рели́гией. Восто́ч-
ная це́рковь была́ гора́здо либера́льнее за́падной в вопро́-
се о церко́вном языке́: она́ бо́лее охо́тно разреша́ла цер-
ко́вную слу́жбу на ра́зных национа́льных языка́х. Это

35 бы́ло о́чень ва́жно для славя́н Мора́вии, кото́рые хоте́ли
моли́ться и чита́ть Ева́нгелие на своём языке́, вме́сто того́,
что́бы учи́ться лати́нскому языку́ у герма́нских миссионе́-
ров.

Получи́в про́сьбу кня́зя Ростисла́ва, византи́йское пра-
40 ви́тельство сейча́с же согласи́лось её испо́лнить. Для мо-
ра́вской ми́ссии бы́ли вы́браны два́ бра́та: Константи́н и
Мефо́дий. Главо́й ми́ссии был мла́дший бра́т, Константи́н, фило́соф, учёный и диплома́т, е́здивший в ра́зные
восто́чные стра́ны и зна́вший не́сколько языко́в. О́ба
45 бра́та бы́ли из Сало́ник; э́тот го́род принадлежа́л Визан-
ти́и, но́ большинство́ его́ населе́ния бы́ло славя́нское, а
не гре́ческое. Константи́н и Мефо́дий хорошо́ зна́ли сла-
вя́нский диале́кт, на кото́ром говори́ло ме́стное населе́-
ние. В то́ вре́мя славя́не, жи́вшие на Балка́нах, в Мора́вии,
50 в Ки́еве и́ли в Но́вгороде говори́ли не на ра́зных языка́х,
а на ра́зных диале́ктах одного́ о́бщего языка́, и сало́-
никский (болга́рско-македо́нский) диале́кт бы́л поня́тен
и за́падным славя́нам Мора́вии, и восто́чным славя́нам,
жи́телям Ки́ева и Но́вгорода.

55 Константи́ну и Мефо́дию нужны́ были те́ксты для́ их
миссионе́рской рабо́ты, те́ксты на языке́ славя́н. Но́ у
славя́н не́ было алфави́та; его́ ну́жно бы́ло созда́ть, что
Константи́н и сде́лал. Учёные ду́мают, что Константи́н
соста́вил сво́й алфави́т из бу́кв гре́ческого и не́которых
60 други́х алфави́тов, кото́рые о́н си́льно измени́л, а та́кже,
что не́сколько зна́ков бы́ли им приду́маны. Этот алфави́т
(его́ называ́ют "глаго́лица") о́чень то́чно передава́л зву́-
ки славя́нского языка́: Константи́н был хоро́шим лингви́-
стом. Соста́вив сво́й алфави́т, Константи́н сра́зу ста́л и́м
65 по́льзоваться, пре́жде всего́ для перево́да Ева́нгелия с
гре́ческого языка́ на язы́к, поня́тный славя́нам. По́сле
Ева́нгелия, Константи́н, его́ бра́т Мефо́дий и и́х ученики́,
перевели́ с гре́ческого ещё мно́го религио́зных те́кстов.
В проце́ссе свое́й рабо́ты, перево́дчики вы́работали ли-
70 терату́рный язы́к, кото́рый бы́л осно́ван на диале́кте Са-
ло́никских славя́н и, отча́сти, на мора́вском диале́кте. Но́
они́ обогати́ли э́ти диале́кты, по́льзуясь элеме́нтами го-
ра́здо бо́лее разви́того и сло́жного гре́ческого языка́.
Таки́м о́бразом созда́лся литерату́рный язы́к, кото́рый

75 называют древнецерковнославянским. Постепенно этот
язык менялся; язык памятников, написанных начиная с
двенадцатого века, называют уже не "древне" церковнославянским, а просто церковнославянским. Так же как
латинский язык является языком римско-католической
80 церкви, так церковнославянский язык является до наших
дней языком православной церкви в славянских странах.

Миссия Константина и Мефодия была очень трудной;
им пришлось вести сложную дипломатическую борьбу с
германскими епископами в Моравии и в Риме. Констан-
85 тин умер в 869 году, в Риме, не закончив своей миссии;
ему было всего 42 года. После смерти Константина, Ме-
фодий и его ученики продолжали миссионерскую работу.
Но в конце концов германские епископы оказались силь-
нее византийских миссионеров, которым пришлось уехать
90 из Моравии. Вскоре после этого моравское княжество
потеряло свою политическую независимость.

Несколько учеников Константина и Мефодия (Мефо-
дий умер в 880 году) переехали в Болгарию, и к началу
десятого века Болгария стала центром славянской пись-
95 менности. В Болгарии, вместо сложных знаков алфавита
Константина, начали пользоваться заглавными буквами
греческого алфавита и несколькими добавочными зна-
ками для звуков Ж, Ч, Ш, Ц, и некоторых других, которых
нет в греческом языке.

100 Новый алфавит стали называть "кириллицей". Им долго пользовались славянские народы восточной церкви.
Славяне-католики пользуются латинским алфавитом. В
начале XVIII века Пётр Великий приказал упростить ри-
сунок букв древней кириллицы и сделать их более похо-
105 жими на буквы латинского алфавита. Так, был создан
алфавит, которым теперь пользуются русские, украйнцы,
белорусы, сербы, болгары. Но и в этом алфавите легко
узнать некоторые греческие заглавные буквы: Л — гре-
ческая лямбда, П — пи, Р — ро, Ф — фи. Буква Ш была
110 взята Константином из одного из семитических алфа-
витов; этот знак перешёл, почти без изменений, из гла-
голицы в старую кириллицу и в современный русский
алфавит.

Перед своей смертью, Константин принял монашество

115 под и́менем Кири́лл. Поэ́тому второ́й славя́нский алфави́т называ́ют кири́ллицей, что, впро́чем, непра́вильно, та́к как Кири́лл (и́ли Константи́н) со́здал не э́тот алфави́т, а бо́лее ста́рый, глаго́лицу.

Бра́тьев Кири́лла и Мефо́дия называ́ют "апо́столами 120 славя́н". И ри́мско-католи́ческая и гре́ческая (правосла́вная) це́рковь счита́ют их святы́ми.

СЛОВАРЬ

1–5

пи́сьменность (f.), written language
алфави́т, alphabet
христиани́н (pl. христиа́не), Christian
обрати́ться prf., with c + instr., to turn (to) with

6–10

про́сьба, request, demand
присла́ть prf., to send
ве́ра, faith, religion, belief
родно́й, native (adj.)
це́рковь (f.), church

11–15

ри́мско-католи́ческий, Roman Catholic
гре́ческий, Greek (adj.)
правосла́вный, orthodox
настоя́щий, real, true, genuine
еди́нство, unity
поте́рян/ный, lost;
поте́ря́ть prf., to lose
сфе́ра, sphere
влия́ние, influence
иера́рхия, hierarchy

16–20

ри́мский па́па, the Pope of Rome
патриа́рх, patriarch
короле́вство, kingdom

21–25

счита́ться imp., to be regarded, to be considered

незави́сим/ый, independent
незави́симость (f.), independence

26–30

лати́нский, Latin (adj.)

31–35

церко́вный, church (adj.)
охо́тно, willingly, readily
разреша́ть imp., to permit, to allow
.слу́жба, service

36–40

моли́ться imp., to pray
Ева́нгелие, the Gospel (s)
сейча́с же, right away, immediately
испо́лнить prf., to fulfill, to carry out

41–45

вы́бран/ный, chosen, elected
учёный, scholar
е́здивший, who (had) visited, who (had) been to
зна́вший, who knew
Сало́ники, Salonika

46–50

большинство́, majority

51–55

болга́рско-македо́нский, Bulgarian-Macedonian
поня́тный, understandable, intelligible
поня́тен (pred. adj.), understandable, intelligible

56–60

создáть *prf.*, to create; создáться, to be created
состáвить *prf.*, to compile, to compose
бýква, letter, character
менять *imp.*, изменить *prf.*, to change (*trans.*); меняться, измениться, to change, to undergo a change (*intr.*)

61–65

знак, sign, symbol
придýман/ный, invented
тóчно, exactly, accurately
передавáть *imp.*, to render
звук, sound
перевóд, translation; перевóдчик, translator

66–70

вы́работать *prf.*, to work out, to develop, to evolve
оснóван/ный на + *prep.*, based on

71–75

отчáсти, partly, in part
обогатить *prf.*, to enrich
древнецерковнославянский, церковнославянский, Old Church-Slavonic, Church-Slavonic,

76–80

являться *imp.*, + *instr.*, to be (to be someone or something)

81–85

миссия, mission

86–90

всегó, only, merely, in all
в концé концóв, finally, at the end
(им) пришлóсь, they had to, they were forced to

95–100

заглáвная бýква, capital letter
добáвочный, additional
кириллица, Cyrillic (alphabet)

101–105

упростить *prf.*, to simplify
рисýнок, design, draft, drawing

106–110

семитический, Semitic

111–115

совремéнный, contemporary, modern
монáшество, monasticism; принять монáшество, to embrace monasticism

116–120

впрóчем, however, incidentally
апóстол, apostle

121

святóй, saint

УПРАЖНЕНИЯ

A. Отвéтьте по-рýсски:
1. Чтó вы знáете о морáвском князе Ростислáве?
2. Какие госудáрства борóлись за влияние в срéдней Еврóпе, гдé находилась Морáвия?
3. Сыгрáл ли какýю-нибудь рóль вопрóс о языкé в тóм, что Морáвия обратилась со своéй прóсьбой к Византии?
4. Почемý византийское прáвительство послáло в Морáвию миссионéров, котóрые родились в Салóниках?

    5. Почему́ состави́тели славя́нского алфави́та взя́ли не́которые бу́квы, наприме́р бу́кву Ш, не из гре́ческого, а из друго́го алфави́та?

B. Переведи́те на ру́сский язы́к:
1. They readily permitted us to use their house.
2. He sent me from Rome a very interesting drawing.
3. They were speaking in a language or a dialect which I do not understand, but I think it was a Slavic language.
4. He made a translation of a very complicated Latin text, and lost it.
5. He did not tell me for what reason he did not carry out the request of your friend.

X

Глава́ деся́тая

ПРИНЯ́ТИЕ ХРИСТИА́НСТВА — КУЛЬТУ́РА КИ́ЕВСКОЙ РУСИ́

Пósле Святосла́ва кня́зем в Ки́еве ста́л его́ сын Влади́-
мир. При нём, в 988, и́ли 989 году́, христиа́нство ста́ло
рели́гией ки́евской Руси́. Как мы уже́ зна́ем, за три́дцать
ле́т до э́того княги́ня О́льга е́здила в Византи́ю и крести́-
5 лась. Но её сы́н Святосла́в оста́лся язы́чником; сам Вла-
ди́мир, её вну́к, та́кже роди́лся язы́чником.

Согла́сно ру́сским, гре́ческим и ара́бским исто́чникам,
креще́ние Руси́ произошло́ при сле́дующих обстоя́тель-
ствах. Как и его́ оте́ц Святосла́в, Влади́мир получи́л от
10 Византи́и про́сьбу о вооружённой по́мощи. Эта по́мощь
была́ нужна́ Византи́и для того́, чтобы подави́ть восста́-
ние в а́рмии. Влади́мир согласи́лся помо́чь константино́-
польскому прави́тельству; бо́лее того́, ме́жду Ки́евом и
Константино́полем был заключён догово́р о сою́зе. По
15 э́тому догово́ру, вероя́тно для того́, чтобы укрепи́ть со-
ю́з, Влади́мир и его́ наро́д должны́ бы́ли приня́ть христи-
а́нство; кро́ме того́, сестра́ византи́йского импера́тора
А́нна, должна́ была́ вы́йти за́муж за Влади́мира.

С по́мощью ки́евского во́йска, восста́ние в Византи́и
20 бы́ло пода́влено, и Влади́мир стал жда́ть в Ки́еве свою́
неве́сту. Но неве́ста не приезжа́ла. Влади́мир реши́л, что
вероя́тно импера́тор его́ обману́л и отпра́вился с во́йском
в Кры́м, где́ у Византи́и была́ бога́тая коло́ния, Корсу́нь.
Когда́ ки́евское во́йско взя́ло Корсу́нь, в Константино́поле
25 наконе́ц реши́ли посла́ть Влади́миру его́ неве́сту, а вме́сте
с ней миссионе́ров, чтобы крести́ть Влади́мира и его́ на-
ро́д.

Ле́топись расска́зывает ещё мно́гое о креще́нии Руси́,
но э́ти расска́зы, вероя́тно, леге́нды. Так, наприме́р, е́сли
30 ве́рить ле́тописи, Влади́мир до́лго ду́мал о то́м, каку́ю
рели́гию лу́чше приня́ть ему́ и его́ наро́ду и говори́л с
представи́телями ра́зных рели́гий, но ни одна́ ему́ не по-
нра́вилась, кро́ме гре́ческой христиа́нской ве́ры. Вот по-

чему́, по расска́зу летопи́сца, Влади́миру не понра́вилась
35   мусульма́нская ве́ра: когда́ ру́сский кня́зь услы́шал, что
Магоме́т запрети́л пить кре́пкие напи́тки, то он сра́зу
сказа́л мусульма́нскому миссионе́ру, что ни он, ни его́
наро́д тако́й рели́гии приня́ть не мо́гут.

Но́ на са́мом де́ле Ки́евская Ру́сь приняла́ гре́ческое
40   христиа́нство, а не каку́ю-нибу́дь другу́ю рели́гию, пото-
му́ что гре́ческое христиа́нство бы́ло рели́гией Византи́и,
а с Византи́ей у Ки́ева бы́ло гора́здо бо́льше свя́зей, по-
лити́ческих, экономи́ческих и культу́рных, чем с за́пад-
ным ми́ром и́ли с мусульма́нским восто́ком.

45   С приня́тием христиа́нства влия́ние Византи́и в Ки́евской
Руси́ значи́тельно уси́лилось; э́то влия́ние способ́ствовало
бы́строму ро́сту ки́евской культу́ры. Уже́ при сы́не Вла-
ди́мира, вели́ком кня́зе Яросла́ве Му́дром (1019-1054),
Ки́евская Ру́сь дости́гла высо́кого у́ровня в разли́чных
50   областя́х культу́ры.

При Яросла́ве в ру́сских города́х бы́ли постро́ены пре-
кра́сные це́ркви, как наприме́р собо́р свято́й Софи́и в
Ки́еве с его́ замеча́тельными фре́сками и моза́иками. При
собо́ре свято́й Софи́и была́ устро́ена библиоте́ка.

55   Византи́йская литерату́ра, гла́вным о́бразом религио́з-
ная по содержа́нию, внача́ле проника́ла в Ки́ев через
Болга́рию, где де́лались перево́ды гре́ческих те́кстов на
церко́вно-славя́нский язы́к. Пото́м перево́ды ста́ли де́лать
и в само́м Ки́еве, а вско́ре, наряду́ с перево́дами, на́чали
60   появля́ться и оригина́льные произведе́ния. Одни́м из пе́р-
вых ру́сских а́второв был ки́евский митрополи́т Иларио́н,
ру́сский свяще́нник, челове́к большо́й учёности и боль-
шо́го тала́нта, кото́рого Яросла́в сде́лал главо́й ру́сской
це́ркви.

65   Сам Яросла́в и его́ де́ти бы́ли образо́ванными людьми́
и больши́ми люби́телями кни́г. Оди́н из сынове́й Яросла́ва
знал пять языко́в.

В оди́ннадцатом ве́ке Ки́ев стал одни́м из са́мых боль-
ши́х и бога́тых городо́в тогда́шней Евро́пы, кру́пным
70   культу́рным и торго́вым це́нтром, куда́ приезжа́ло мно́го
иностра́нных купцо́в, путеше́ственников и диплома́тов.
Ки́евская Ру́сь вошла́ в семью́ европе́йских наро́дов и за-
няла́ среди́ них ви́дное ме́сто.

75 Киевский княжеский дом был связан несколькими браками с западно-европейскими королевскими домами; сам Ярослав был женат на дочери шведского короля, а его дочь Анна, в 1049 или 1050 году, вышла замуж за французского короля и стала королевой Франции.

80 Сохранился один документ того времени, судя по которому Анна была образованнее своего мужа. Этот документ подписан ими обоими; Анна подписала своё имя, а её муж, король, вместо подписи поставил крест.

Под влиянием христианской церкви нравы и обычаи Киевской Руси стали постепенно меняться. Церковь ста-
85 ралась распространять принципы христианской этики и внести больше гуманности в семейные и общественные отношения, в отношение к рабам.

При Ярославе был составлен первый русский письменный закон, так называемая "Правда Ярослава" или "Рус-
90 ская Правда".

СЛОВАРЬ

1–5

принятие, adoption, acceptance
христианство, Christianity
крестить *imp. and prf.*, to baptize, to christen; креститься, to be baptized, to be christened

6–10

внук, grandson
согласно + *dat.*, according to
крещение, baptism, christening
следующий, the following, the next
обстоятельство, circumstance

11–15

подавить *prf.*, to suppress
восстание, uprising, rebellion
правительство, government
более того, moreover

16–20

выйти замуж *prf.*, to marry (said of a woman)
(было) подавлено, (was) suppressed

21–25

невеста, bride to be, fiancée
обмануть *prf.*, to deceive, to cheat
войско, army
Крым, Crimea

26–30

многое (*adj. used as* a *n. noun*) many things
если верить, if (one is) to believe

31–35

представитель (*m.*), representative
мусульманский, Moslem, Mussulman (*adj.*)

36–40

запретить *prf.*, to forbid, to prohibit
крепкий, strong
напиток, drink, beverage
на самом деле, in reality, actually, in actual fact

41–45

связь (*f.*), connection, tie

46–50

значи́тельно, considerably
уси́литься *prf.*, to be strengthened
способствовать + *dat.*, *imp. and
prf.*, to contribute (to)
рост, growth
дости́гнуть *prf.*, + *gen.*, to attain,
to reach
у́ровень (*m.*), level

51–55

прекра́сный, beautiful, fine
собо́р, cathedral
замеча́тельный, remarkable, wonderful
фре́ска, fresco
моза́ика, mosaic
(была́) устро́ена, (was) set up

56–60

содержа́ние, content
наряду́ с + *instr.*, along with, together with
произведе́ние, work (of art, literature, etc.)

61–65

митрополи́т, metropolitan (*noun*)
свяще́нник, priest
учёность (*f.*), learning, scholarship
образо́ванный, educated

66–70

люби́тель (*m.*), lover
тогда́шний, of that time, of the time

кру́пный, large, important

71–75

иностра́нный, foreign
путеше́ственник, traveler
ви́дный, prominent
(был) свя́зан + *instr.*, (was) connected
брак, marriage
короле́вский, royal

76–80

(был) жена́т на + *prep.*, (was)
married to (said of a man)
шве́дский, Swedish
коро́ль (*m.*), king
короле́ва, queen

81–85

подпи́сан, (was) signed
по́дпись (*f.*), signature
поста́вить *prf.*, to put, to place
крест, cross
нра́вы (*pl.*), morals, mores
обы́чай, custom

86–90

внести́ *prf.*, to introduce
отноше́ния (*pl.*), relations
отноше́ние к + *dat.*, attitude toward
(был) соста́влен, (was) compiled,
(was) composed
пи́сьменный, written
зако́н, law
так называ́емый, so called
пра́вда, (*here*) law

УПРАЖНЕНИЯ

A   Отве́тьте по-ру́сски:

1. Правосла́вная це́рковь сде́лала ки́евского кня́зя Влади́мира Святосла́вича святы́м. Каки́е у неё могли́ быть для э́того причи́ны?
2. Кто была́ неве́ста Влади́мира? При каки́х обстоя́тельствах он на ней жени́лся?
3. Каки́ми путя́ми проника́ла в Ки́ев византи́йская литерату́ра при Яросла́ве Му́дром?

4. Ктó жени́лся на однóй из дочерéй Яросла́ва?

5. Что такóе "Ру́сская пра́вда"?

B. Переведи́те на ру́сский язы́к:

1. His sister married my old friend; he is the grandson of a prominent Swedish scholar.

2. Several colonies have become independent states.

3. He was a traveler and author of a remarkable book on Moslem laws and customs.

4. If one is to believe the government of this little republic, it has quickly suppressed the rebellion.

5. He is married to the daughter of a Macedonian or Bulgarian prince who was a great lover of strong drinks.

6. We have seen in Kiev several beautiful churches and cathedrals which are very well preserved.

XI

Глава́ оди́ннадцатая

РАСПА́Д КИЕВСКОЙ РУСИ — ПОЛОВЦЫ — "СЛОВО О ПОЛКУ И́ГОРЕВЕ" — НО́ВГОРОД

Ки́евская Ру́сь не была́ про́чно объединённым госуда́рством. В Ки́еве, "ста́ршем го́роде", "сиде́л", как тогда́ говори́ли, вели́кий кня́зь. В други́х города́х "сиде́ли" други́е князья́; э́то бы́ли его́ мла́дшие бра́тья, и́ли сы-
5 новья́, и́ли каки́е-нибу́дь ме́нее бли́зкие его́ ро́дственники. Вла́сть вели́кого кня́зя была́ скоре́е вла́стью главы́ семьи́, чем полити́ческой вла́стью главы́ госуда́рства; поэ́тому мно́гое в Ки́евской Руси́ зави́сило от ли́чного авторите́та вели́кого кня́зя, от его́ ли́чных ка́честв и си́лы его́ ха-
10 ра́ктера.
Ча́сто, когда́ вели́кий кня́зь умира́л, ме́жду его́ насле́д-никами начина́лась борьба́ за вла́сть. Та́к бы́ло по́сле сме́рти Святосла́ва в 972 г., и по́сле сме́рти Влади́мира в 1015 г. Яросла́в, сы́н Влади́мира, не́сколько ле́т вёл кро-
15 ва́вую борьбу́ со свои́ми бра́тьями, пре́жде чем ему́ уда-ло́сь объедини́ть ру́сские кня́жества под свое́й вла́стью. Яросла́в у́мер в 1054 г., и мо́жно счита́ть, что с его́ сме́ртью Ки́евская Ру́сь потеря́ла своё еди́нство. В нача́ле двена́д-цатого ве́ка Влади́мир Монома́х, му́дрый прави́тель и
20 челове́к большо́й эне́ргии и высо́ких нра́вственных ка́-честв, на коро́ткое вре́мя подчини́л други́х князе́й своему́ авторите́ту. Но его́ правле́ние (1113-1125) бы́ло то́лько переры́вом в проце́ссе распа́да Ки́евского госуда́рства.
При Яросла́ве ю́жная грани́ца госуда́рства была́ про́чно
25 защищена́ от степны́х коче́вников — печене́гов. Но не-задо́лго до сме́рти Яросла́ва в степи́ появи́лся друго́й наро́д, прише́дший из А́зии. Этот наро́д — половцы[1] — оказа́лся гора́здо бо́лее си́льным и опа́сным враго́м, чем печене́ги. Борьба́ с по́ловцами отрази́лась в "Сло́ве о
30 полку́ И́гореве",[2] знамени́том литерату́рном па́мятнике

[1] Polovtsians.
[2] The Lay of the Host of Igor.

двена́дцатого ве́ка. В э́том произведе́нии, замеча́тельном
по си́ле и поэти́ческой красоте́ языка́, опи́сывается оди́н
из эпизо́дов борьбы́ ру́сских с по́ловцами: неуда́чный
похо́д про́тив по́ловцев кня́зя И́горя Святосла́вича, пра-
35 ви́теля небольшо́го кня́жества, грани́чившего со сте́пью.
    Прису́тствие по́ловцев в ю́жных степя́х бы́ло одно́й
из причи́н экономи́ческого упа́дка Ки́ева. Ки́ев оказа́лся
отре́занным от Византи́и и от Сре́дней А́зии. Торго́вля
ме́жду За́падной Евро́пой и Восто́ком, ра́ньше прохо-
40 ди́вшая че́рез Ки́ев, тепе́рь идёт но́выми путя́ми, гла́вным
о́бразом по Средизе́мному мо́рю.
    Таки́м о́бразом, в двена́дцатом ве́ке, Ки́ев теря́ет своё
экономи́ческое значе́ние, вме́сте со свои́м значе́нием по-
лити́ческого це́нтра. Отде́льные кня́жества уже́ не под-
45 чиня́ются авторите́ту ки́евского кня́зя. Осо́бенно усили-
ваются в э́то вре́мя кня́жества на перифери́и Ки́евской
Руси́. На ю́го-за́паде, у грани́ц По́льши и Ве́нгрии, вы-
раста́ет Га́лицко-Волы́нское[3] кня́жество; оно́ достига́ет
большо́го экономи́ческого и культу́рного расцве́та в
50 двена́дцатом и трина́дцатом века́х. На се́веро-восто́ке,
ме́жду Во́лгой и её прито́ком Око́й, в лесно́й о́бласти,
где ра́ньше жи́ли примити́вные фи́нские племена́, обра-
зу́ется о́чень си́льное Росто́во-Су́здальское[4] кня́жество
(поздне́е столи́цей э́того кня́жества стал го́род Влади́мир,
55 и кня́жество ста́ло называ́ться Влади́мирским). На терри-
то́рии э́того кня́жества нахо́дится село́ Москва́, кото́рое
ле́топись впервы́е упомина́ет в 1147 году́.
    Наконе́ц на се́веро-за́паде Но́вгород, ста́вший незави́-
симым от Ки́ева, выраста́ет в большо́е, о́чень бога́тое
60 госуда́рство. Но́вгород окружён неплодоро́дными, боло́-
тистыми зе́млями. Новгоро́дцы должны́ бы́ли ввози́ть
рожь из бо́лее плодоро́дной Росто́во-Су́здальской земли́.
Они́ продава́ли туда́ това́ры, кото́рые они́ импорти́ро-
вали из заграни́цы: тка́ни, металли́ческие изде́лия, вино́.
65 Заграни́цу, на За́пад, новгоро́дцы вывози́ли ме́стные про-
ду́кты: мёд, во́ск, лён. Но важне́йшим предме́том новго-
ро́дского э́кспорта бы́ли меха́. Это был не ме́стный про-
ду́кт, а, мо́жно сказа́ть, колониа́льный. На се́веро-восто́к

[3] Galicia.
[4] Suzdal Principality, Suzdalia.

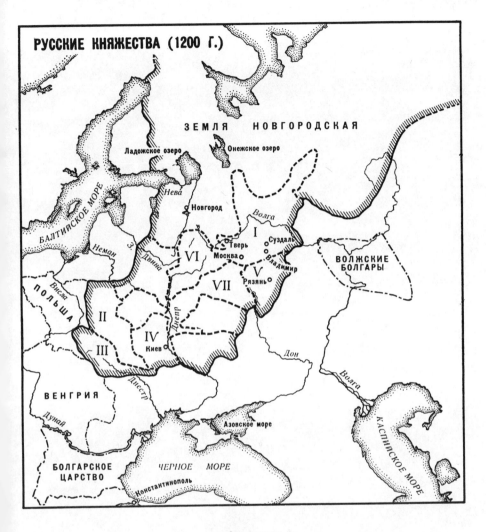

РУССКИЕ КНЯЖЕСТВА (1200 Г.)

ЗЕМЛЯ НОВГОРОДСКАЯ

Ладожское озеро
Онежское озеро
Нева
Новгород
Волга
БАЛТИЙСКОЕ МОРЕ
Тверь
Суздаль
I
Москва
Владимир
ВОЛЖСКИЕ БОЛГАРЫ
Неман
З.
Двина
VI
V
Рязань
ПОЛЬША
VII
Висла
Днепр
Дон
II
IV
Киев
III
Волга
ВЕНГРИЯ
Днестр
Дунай
КАСПИЙСКОЕ МОРЕ
Азовское море
БОЛГАРСКОЕ ЦАРСТВО
ЧЕРНОЕ МОРЕ
Константинополь

КНЯЖЕСТВА:

I   Влади́миро-су́здальское
II   Волы́нское
III   Га́лицкое
IV   Ки́евское
V   Му́ромо-ряза́нское
VI   Смоле́нское
VII   Черни́говское

от Новгородского государства, до Белого моря и до
70 Уральских гор, шли "земли Новгородские" — огромные
колониальные владения Новгорода. Там жили полу-ко-
чевые финские племена, которые занимались главным
образом охотой. Новгородцы собирали с них тяжёлую
дань, которую эти племена платили мехами. Эти меха
75 и были одним из главных источников богатства Новгорода.

С середины двенадцатого века верховная власть в
Новгороде принадлежала "вечу" — народному собранию.
Чтобы созвать вече, звонили в колокол, и все свободные
80 граждане Новгорода собирались на площади, перед со-
бором Святой Софии. Вече устанавливало законы, утверж-
дало договоры с иностранцами, решало вопросы о вой-
не и мире, выбирало "тысяцкого", который командовал
новгородским войском, "тысячей", и архиепископа. Вече
85 также "призывало" князя и заключало с ним договор.
По такому договору князь должен был править госу-
дарством по старым обычаям. Он и его люди не могли
иметь земли в Новгороде и не могли торговать с ино-
странными купцами. Князь со своим личным войском,
90 дружиной, был нужен новгородцам главным образом для
защиты от внешних врагов. За свою службу князь полу-
чал определённую дань. Случалось, что новгородцы бы-
вали недовольны князем. Тогда они "кланялись ему" или
"показывали ему" путь из Новгорода" — и призывали
95 другого князя.

Хотя вече — народное собрание — имело большую
власть, главную роль в делах государства играли бояре[5]
и очень богатый и сильный купеческий класс — торго-
вая аристократия. Новгород можно назвать аристокра-
100 тической торговой республикой. Эта республика была
во многом похожа на торговые города-республики Запада: Гамбург или Бремен в Германии, Геную или Вене-
цию в Италии.

"Господин Великий Новгород", как называли этот го-
105 род, подчинился власти московского князя в конце пятнадцатого века. В 1478 году вечевой колокол, символ новго-
родской независимости, был перевезён в Москву.

---

[5] Боярин (*pl.* Бояре), a member of the old landed nobility in Russia.

СЛОВАРЬ

1–5
распа́д, disintegration
про́чно, firmly, strongly
объединённый, unified, united

6–10
скоре́е . . . , чем, sooner . . . , than
зави́сеть *imp.* (no *prf.*), от + *gen.*,
 to depend
ли́чный, personal
ка́чество, quality

11–15
насле́дник, heir
крова́вый, bloody

16–20
нра́вственный, moral

21–25
подчини́ть *prf.*, to submit (*trans.*),
правле́ние, rule, reign
переры́в, pause

26–30
отрази́ться *prf.*, to be reflected
па́мятник, monument

31–35
красота́, beauty
неуда́чный, unsuccessful
похо́д, campaign
грани́чивший, which bordered

36–40
прису́тствие, presence
отре́занный, cut off
проходи́вший, passing, which passed

41–45
теря́ть *imp.*, to lose
значе́ние, significance, importance

46–50
выраста́ть *imp.*, to grow into, to
 grow up

расцве́т, flourishing, flowering
(*noun*)

51–55
прито́к, tributary

56–60
село́, village, settlement
упомина́ть *imp.*, to mention
наконе́ц, finally
ста́вший, having become
неплодоро́дный, barren; infertile
боло́тистый, marshy; swampy

61–65
ввози́ть *imp.*, to import
рожь (*f.*), rye
изде́лие, article, artifact
вывози́ть *imp.*, to export

66–70
лён, flax
важне́йший, most important, main
предме́т, item, object

71–75
владе́ние, possession
бога́тство, wealth, prosperity

76–80
верхо́вный, supreme
созва́ть *prf.*, to call (together)
звони́ть *imp.*, to ring
ко́локол, bell
свобо́дный, free

81–85
утвержда́ть *imp.*, to ratify
архиепи́скоп, archbishop
призыва́ть *imp.*, to call, to invite

91–95
вне́шний, external
определённый, definite
кла́няться *imp.*, to bow

<table>
<tr><td>100–105
во мно́гом, in many ways, in many respects</td><td>Га́мбург, Hamburg
Ге́нуя, Genoa
Вене́ция, Venice</td></tr>
</table>

УПРАЖНЕНИЯ

A. Отве́тьте по-ру́сски:
1. Был ли полити́ческий строй Ки́евской Руси́ одно́й из причи́н распа́да э́того госуда́рства?
2. Что вы зна́ете о половцах?
3. Назови́те произведе́ние ру́сской литерату́ры двена́дцатого ве́ка. О како́м собы́тии оно́ расска́зывает?
4. В како́м ве́ке впервы́е упомина́ется тепе́решняя столи́ца Сове́тского Сою́за? Всегда́ ли славя́не жи́ли в той о́бласти, где э́тот го́род был постро́ен?
5. На чём бы́ло осно́вано бога́тство Но́вгорода?
6. Опиши́те полити́ческий строй Но́вгорода.
7. Расскажи́те о новгоро́дском вечево́м ко́локоле.

B. Переведи́те на ру́сский язы́к:
1. His son was killed not long before the end of the war.
2. We import French wines, Russian furs, and different colonial products.
3. Furs are one of the most important items of Canadian export.
4. I don't know anything about his personal affairs; he never mentioned them in my presence.
5. Americans consider the famous bell in Philadelphia as the symbol of their freedom and independence.
6. His sons, especially his younger son, resemble him very much.

XII

Глава́ двена́дцатая

НЕМЕЦКИЕ РЫЦАРИ И КНЯЗЬ АЛЕКСАНДР НЕВСКИЙ

Отноше́ния Но́вгорода с За́падом не всегда́ носи́ли
ми́рный хара́ктер. На за́пад от Но́вгорода, вдоль побе-
ре́жья Балти́йского мо́ря, среди́ боло́т и лесо́в, жи́ли
разли́чные язы́ческие племена́: фи́нские и лито́вские.
5 Да́льше на за́пад, до реки́ Эльбы, жи́ли за́падно-славя́н-
ские племена́, та́кже язы́ческие.

В двена́дцатом ве́ке не́мцы на́чали дви́гаться вдоль
побере́жья на восто́к. В середи́не э́того ве́ка они́ начи-
на́ют проника́ть в Ливо́нию, на террито́рию тепе́решних
10 Латви́йской и Эсто́нской респу́блик. Снача́ла там появи́-
лись неме́цкие купцы́. Вслед за купца́ми яви́лись мисси-
оне́ры. Но попы́тки э́тих миссионе́ров обрати́ть фи́нские
и лито́вские племена́ в христиа́нство не име́ли большо́го
успе́ха. Тогда́ про́тив язы́чников Приба́лтики был объя́в-
15 лен кресто́вый похо́д. В са́мом конце́ двена́дцатого ве́ка
в у́стье За́падной Двины́ появи́лось неме́цкое во́йско под
нача́льством епи́скопа Альбе́рта. Там, в 1201 году́, не́мцы
основа́ли укреплённый го́род, Ри́гу, столи́цу тепе́решней
Ла́твии. Вско́ре был образо́ван о́рден рыцарей — "ме-
20 чено́сцев". Эти ры́цари, носи́вшие бе́лые плащи́ с кра́сным
кресто́м на груди́, захва́тывали зе́мли, стро́или укреплён-
ные за́мки, наси́льственно обраща́ли жи́телей в христи-
а́нство и одновреме́нно де́лали их свои́ми крепостны́ми.

Не́сколько по́зже в Приба́лтике на́чал де́йствовать дру-
25 го́й о́рден — тевто́нский. Этот о́рден, о́чень си́льный и
бога́тый, был образо́ван для похо́да в Святу́ю Зе́млю.
Но враги́ христиа́нской ве́ры нашли́сь гора́здо бли́же —
в само́й Евро́пе, и вме́сто Палести́ны, ры́цари Тевто́нского
о́рдена оказа́лись на Балти́йском побере́жье, ме́жду ре́-
30 ками Ви́слой и Не́маном. Там жи́ло вои́нственное язы́-
ческое пле́мя пру́ссов, ро́дственное лито́вцам (не герма́-
нское). Не́мцы почти́ целико́м уничто́жили э́то пле́мя и
на́чали колонизова́ть его́ террито́рию, ста́вшую впосле́д-
ствии Восто́чной Пру́ссией.

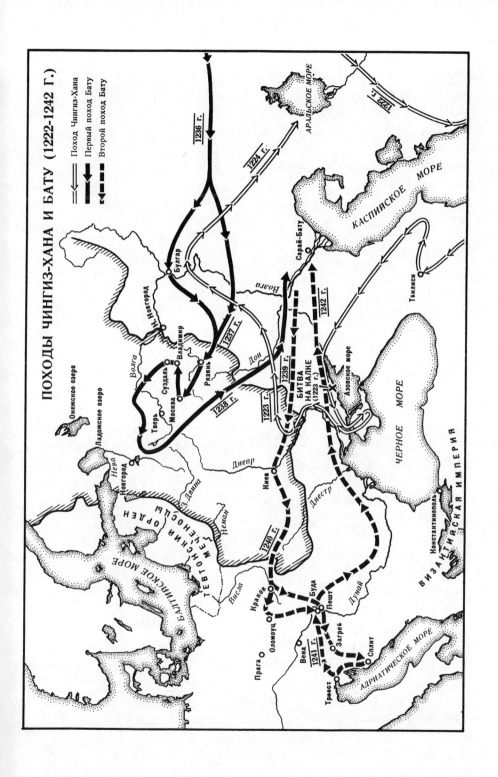

ПОХОДЫ ЧИНГИЗ-ХАНА И БАТУ (1222-1242 Г.)

Поход Чингиз-Хана
Первый поход Бату
Второй поход Бату

1236 г.
1224 г.
1221 г.
АРАЛЬСКОЕ МОРЕ
КАСПИЙСКОЕ МОРЕ
Сарай-Бату
1242 г.
Тбилиси
Булгар
Н. Новгород
Волга
Дон
1237 г.
Владимир
Суздаль
Рязань
Тверь
Москва
1238 г.
1239 г.
БИТВА НА КАЛКЕ (1223 г.)
Азовское море
ЧЕРНОЕ МОРЕ
1223 г.
Онежское озеро
Ладожское озеро
Волга
Днепр
Киев
Днестр
Нева
Новгород
З. Двина
Неман
ТЕВТОНСКИЙ ОРДЕН МЕЧЕНОСЦЕВ
БАЛТИЙСКОЕ МОРЕ
1240 г.
Висла
Краков
Буда
Пешт
Дунай
ВИЗАНТИЙСКАЯ ИМПЕРИЯ
Константинополь
Прага
Оломоуц
Вена
1241 г.
Загреб
Сплит
Триест
АДРИАТИЧЕСКОЕ МОРЕ

35   Вско́ре о́ба о́рдена объедини́лись, и под их вла́стью
оказа́лись вы́ходы к Балти́йскому мо́рю, в числе́ их у́стье
ва́жной торго́вой арте́рии, За́падной Двины́.

В 1240 году́ шве́дские ры́цари, та́кже за́нятые распро-
странѐнием христиа́нства (они́ де́йствовали в Финля́н-
40   дии), предприня́ли экспеди́цию, це́лью кото́рой бы́л за-
хва́т друго́го вы́хода в Балти́йское мо́ре — у́стья Невы́.
Экспеди́ция ко́нчилась по́лной неуда́чей. Как то́лько
шве́ды вы́садились со свои́х корабле́й, на ни́х напа́ло
новгоро́дское во́йско во главе́ с кня́зем Алекса́ндром.
45   Шве́ды потерпе́ли по́лное пораже́ние.

Несмотря́ на побе́ду Алекса́ндра на Неве́ (Алекса́ндр
за э́ту побе́ду был на́зван "Не́вским"), новгоро́дские боя́-
ре вско́ре поссо́рились с ни́м, и о́н уе́хал из Но́вгорода.
Но́ через коро́ткое вре́мя им пришло́сь позва́ть его́ об-
50   ра́тно. Неме́цкие ры́цари на́чали наступле́ние на ру́сские
зе́мли с за́пада. Им удало́сь захвати́ть сосе́дний с Но́в-
городом Псков и други́е города́. Кня́зь Алекса́ндр Не́вский
верну́лся в Но́вгород, неме́дленно вы́ступил про́тив не-
ме́цких ры́царей и освободи́л Псков. Встре́ча ме́жду нов-
55   горо́дцами и гла́вными си́лами не́мцев произошла́ 5 апре́-
ля 1242 го́да на льду́ Чу́дского о́зера. Жесто́кое сраже́-
ние око́нчилось по́лной побе́дой над "Бо́жьими дворя́-
нами", как новгоро́дцы называ́ли неме́цких ры́царей.

В то́ вре́мя, когда́ на се́веро-за́паде новгоро́дцам уда-
60   ло́сь отрази́ть нападе́ние шве́дских и неме́цких ры́царей,
на ю́ге и на восто́ке Росси́и происходи́ли траги́ческие
собы́тия: но́вый вра́г, прише́дший из А́зии, захва́тывал
и разоря́л ру́сские зе́мли. В то́т са́мый год, когда́ Алек-
са́ндр Не́вский одержа́л побе́ду над шве́дами, Ки́ев, "ста́р-
65   ший го́род" ру́сской земли́, бы́л взят и разорён тата́рским
ха́ном Бату́.

СЛОВАРЬ

1–5

немѐцкий, German; не́мец, a
  German
ры́царь (*m.*), knight
носи́ть ми́рный хара́ктер, to be of a
  peaceful nature

побере́жье, shore, coast
разли́чный, various, all kinds of
лито́вский, Lithuanian

6–10

Ливо́ния, Livonia
латви́йский, Latvian

эсто́нский, Estonian

11–15

вслед за + *instr.*, after, following
попы́тка, attempt
обрати́ть *prf.*, *with* в + *acc.*, to convert to
Приба́лтика, the Baltic area
(был) объя́влен, (was) declared
кресто́вый похо́д, Crusade

16–20

у́стье, estuary
За́падная Двина́, Western Dvina
под нача́льством, under the leadership
епи́скоп, bishop
укреплённый, fortified
Ри́га, Riga
Ла́твия, Latvia
о́рден, order
ры́царь мечено́сец, knight of the sword (*from* меч, sword, *and* носи́ть, to carry)
носи́вший, who wore
плащ, cloak

21–25

грудь (*f.*), chest, breast
стро́ить *imp.*, to build
за́мок, castle
наси́льственно, by force
одновреме́нно, at the same time
крепостно́й (*adj. used as a m. noun*), serf
не́сколько по́зже, somewhat later
де́йствовать *imp.*, to operate, to function, to act
тевто́нский, Teutonic

26–30

найти́сь *prf.*, to turn up
Ви́сла, Vistula
Не́ман, Niemen

31–35

ро́дственный + *dat.*, related
целико́м, entirely
уничто́жить *prf.*, to annihilate

ста́вший + *instr.*, which became, who became
впосле́дствии, afterwards, later on, subsequently

36–40

вы́ход, outlet
предприня́ть *prf.*, to undertake
цель (*f.*), goal, aim
захва́т, seizure

41–45

по́лный, complete, full
как то́лько, as soon as
вы́садиться *prf.*, to disembark, to land
кора́бль (*m.*), ship
потерпе́ть *prf.*, to suffer
пораже́ние, defeat

46–50

побе́да, victory
(был) про́зван + *instr.*, (was) named, (was) surnamed
поссо́риться *prf.*, *with* с + *instr.*, to quarrel (with)
им пришло́сь *prf.*, they had to
позва́ть *prf.*, to call
обра́тно, back
наступле́ние, offensive

51–55

им удало́сь, they succeeded
неме́дленно, immediately, instantly
вы́ступить *prf.*, to set out
освободи́ть *prf.*, to liberate
произош/ёл, —ла́, —ло́ *prf. past,* took place; occurred

56–60

на льду́, on the ice (льду, *locative case of* лёд, ice)
сраже́ние, battle
Бо́жий (*adj. from* Бог, God), God's
дворяни́н, nobleman
отрази́ть *prf.*, to repulse

61–65

одержа́ть побе́ду, *prf., verb,* to gain a victory
разоря́ть *imp.*, to ruin, to destroy

УПРАЖНЕНИЯ

A. Ответьте по-русски:
1. Какие языческие племена жили в Прибалтике в двенадцатом веке?
2. Какие Советские Республики находятся теперь на территории, на которой жили эти племена?
3. Как назывались походы в Святую Землю? Кто участвовал в этих походах?
4. От чего происходит название Пруссия?
5. Почему новгородского князя Александра стали называть Александром Невским?
6. Как кончилось наступление немецких рыцарей на новгородские земли?

B. Переведите на русский язык:
1. Allied forces landed in northern France, on the Normandy coast, which was fortified by the Germans.
2. They were under the leadership of an American general who subsequently became President of the United States.
3. As soon as they had landed and seized a small peninsula, they immediately started an offensive against the Germans.
4. Somewhat later they succeeded in repulsing a counter-offensive (контр-наступление) which the Germans had undertaken.
5. To liberate Europe was the common goal of the Western Allies.

XIII

Глава́ трина́дцатая

ЧИНГИЗ-ХАН И ЕГО ИМПЕРИЯ — ПОХОДЫ ХАНА
БАТУ — ТАТАРСКОЕ ИГО

В степя́х восто́чной А́зии, на се́вер от Кита́я, жил ко-
чево́й наро́д, монго́лы; монго́лы бы́ли охо́тники и ско-
тово́ды, прекра́сные нае́здники и стрелки́ из лу́ка. В са́мом
нача́ле трина́дцатого ве́ка монго́лы покори́ли свои́х со-
5 се́дей тата́р, а зате́м и други́е сосе́дние племена́. Постe-
пе́нно из монго́льских и тю́ркских кочевы́х племён обра-
зова́лась больша́я вое́нная федера́ция, под вла́стью од-
ного́ из монго́льских князе́й, кото́рый был провозглашён импера́тором под и́менем Чинги́з-ха́на. Это и́мя ста́-
10 ло изве́стно всему́ ми́ру как и́мя непобеди́мого и жесто́-
кого завоева́теля, созда́теля гига́нтской монго́льской им-
пе́рии.

Чинги́з-ха́н пре́жде всего́ со́здал из свои́х коче́вников
большу́ю прекра́сно организо́ванную и дисциплини́рован-
15 ную а́рмию, кото́рая могла́ передвига́ться с необыкнове́н-
ной быстрото́й.

Подчини́в себе́ большу́ю часть Сиби́ри вдоль кита́йской
грани́цы, монго́лы на́чали завоева́ние Кита́я и захвати́ли
его́ се́верную часть. Зате́м, мно́гому научи́вшись у по-
20 беждённых кита́йцев в о́бласти вое́нной те́хники, мон-
го́льские полково́дцы предприня́ли похо́д на за́пад, в
Сре́днюю А́зию. Там они́ завоева́ли о́чень бога́тое му-
сульма́нское госуда́рство Хоре́зм и часть Пе́рсии. Пото́м,
обойдя́ с ю́га Каспи́йское мо́ре, они́ вто́рглись в Арме́нию
25 и Гру́зию и разори́ли э́ти госуда́рства. Монго́лы вели́
войну́ с большо́й жесто́костью и производи́ли на своём
пути́ стра́шные опустоше́ния.

Из Арме́нии и Гру́зии часть монго́льских сил, под на-
ча́льством Субуда́я, одного́ из полково́дцев Чинги́з-ха́на,
30 дви́нулась да́льше на се́вер, через Кавка́з, в сте́пи ю́жной
Росси́и, где в то вре́мя жи́ли полoвцы. По́ловцы сообщи́-
ли ки́евскому кня́зю (отноше́ния ме́жду Ки́евом и по́-
ловцами бы́ли тогда́ дово́льно ми́рные), что в степи́ по-

явился какой-то дикий и жестокий народ, который на-
35 зывают татарами, что они идут к Днепру и всё уничто-
жают на своём пути. Услышав это, киевский князь и некоторые другие князья решили выступить вместе с по-
ловцами против татар.

В степи русские и половцы скоро встретили татарские
40 конные отряды, которые начали уходить в степь. Русско-
половецкое войско стало их преследовать, и у реки Калки,
недалеко от Азовского моря, неожиданно натолкнулось
на главные силы татар, которые были спрятаны в засаде;
это была их обычная тактика. Началась битва. Половцы
45 скоро обратились в бегство. Русские долго сопротивля-
лись, но были разбиты; воины, взятые татарами в плен,
были ими перебиты. После этого войско Субудая совер-
шило быстрый рейд в Крым, а потом повернуло на восток и ушло в азиатские степи.

50 Битва на Калке, первая битва русских с татарами, про-
изошла в 1223 году. Через четыре года, в 1227 году, умер
Чингиз-хан. После его смерти его империя была поде-
лена между его сыновьями и одним из его внуков, Бату;
каждый из них получил провинцию или, по-татарски,
55 "улус". Бату получил западные земли, до мифического
"последнего моря", где, как думали монголы, кончается
земля. Этот западный "улус", с его неизвестными грани-
цами, надо было завоевать. Бату начал свой поход на
запад в 1237 году.

60 Разорив царство волжских болгар, Бату вступил в се-
веро-восточные русские земли и взял город Рязань, от
которого, как говорит летопись, остались только "дым,
земля и пепел". За один месяц татары взяли и сожгли
четырнадцать городов, в том числе Москву. В следую-
65 щем, 1238 году, великий князь Владимирский пытался
остановить татар, но его войско было окружено и разби-
то, и он сам был убит. После этой победы Бату пошёл
на новгородские земли. Но Новгород был защищён лесами и болотами, непроходимыми для татарской кон-
70 ницы, и татары направились в южные степи у Каспийско-
го моря. В 1240 году они снова отправились в поход на
запад. К концу года, после долгой осады, они взяли и
разорили Киев.

После взятия Киева войско Бату двинулось на запад,
75 в Польшу; взяв Краков, часть войска с самим Бату пошла
в Венгрию и захватила Будапешт. Другая часть направи-
лась в Богемию, но, не дойдя до Праги, (у города Оло-
мауца) эта часть войска встретила энергичный отпор со
стороны чехов и повернула на юг, в Венгрию. Двигаясь
80 всё дальше на запад, к "последнему морю", границе своего царства, Бату дошёл до берега Адриатики. Затем
монголы неожиданно повернули обратно, на восток, и
вернулись в степи южной России. Там, недалеко от устья
Волги, Бату основал город Сарай-Бату (то есть "дворец
85 Бату"), столицу своего государства — Золотой Орды.[1]

Основание Золотой Орды можно считать началом по-
литической зависимости Руси от татар, — татарского
ига. Татары не остались в завоёванных ими областях сред-
ней и северной Руси, потому что эти области, богатые
90 лесами, были неудобны для кочевого образа жизни. Они
обосновались на юге, в открытых степях. В русских кня-
жествах они оставили небольшие вооружённые отряды
и чиновников, которые произвели перепись населения и
собирали с него тяжёлую дань. Всякие попытки восста-
95 ния беспощадно подавлялись войсками, которые немед-
ленно являлись из Золотой Орды.

Татары ничего не изменили в политическом аппарате
тогдашней Руси, используя его в своих интересах. Князья
получали от хана признание своей власти в виде особого
100 документа, называвшегося "ярлык",[2] за которым они должны были ездить в Орду. Ярлык давал также право на
собирание дани. Князья, а также духовенство, не платили
дани татарам и часто помогали татарам собирать её и
держать население в повиновении. Некоторые князья ве-
105 ли такую политику просто потому что они боялись по-
терять свои привилегии; но другие, как например Алек-
сандр Невский, подчинялись татарам против своего же-
лания, понимая, что сопротивление было-бы бессмыслен-
ным и безнадёжным. Для борьбы с татарами русские
110 земли должны были сначала объединиться и окрепнуть.

---

[1] Золотая Орда. The Golden Horde.
[2] ярлык, this word has survived, meaning in modern Russian "label".

СЛОВАРЬ

1–5

татáрский, Tartar
и́го, yoke
Китáй, China
охóтник, hunter
скотовóд, cattle breader
наéздник, horseman
стрелóк из лýка, archer; лук, bow

6–10

провозглашён (*pred. adj.*), proclaimed
непобеди́мый, invincible

11–15

создáтель, creator, founder
передвигáться *imp.*, to move, to travel

16–20

быстротá, speed, swiftness
подчини́в себé, having subjugated
завоевáние, conquest
побеждённый, vanquished
китá/ец, —я́нка, —й́цы, Chinese (*noun, m., f., and pl.*)

21–25

обойдя́, circling
втóргнуться *prf.*, to invade
Грýзия, Georgia

26–30

опустошéние, devastation; производи́ть опустошéния, to cause devastation, to lay waste
стрáшный, terrible, frightful

31–35

сообщи́ть *prf.*, to inform
татáрин (*pl.* татáры), Tatar

36–40

кóнный, cavalry (*adj.*), mounted (*adj.*)
уходи́ть *imp.*, to withdraw

41–45

преслéдовать *imp.*, to pursue
неожи́данно, unexpectedly, by surprise
натолкнýться *prf.*, to come across, to stumble upon
спря́тан, hidden
засáда, ambush
обы́чный, customary, usual
би́тва, battle
обрати́ться в бéгство, *prf.*, to take flight
сопротивля́ться *imp.*, to resist

46–50

разби́т, defeated, smashed
взя́тый, taken; взя́тый в плен, made prisoner
переби́ть *prf.*, to slaughter

51–55

поделён, divided
мифи́ческий, mythic, mythical

61–65

Рязáнь, Ryazan, *a city in central Russia*
дым, smoke
пéпел, ashes
сжечь *prf.*, to burn (*trans.*)
пытáться *imp.*, to attempt, to try

66–70

останови́ть *prf.*, to stop (*trans.*)
пойти́ на + *acc.*, to march against
защищён, protected
непроходи́мый, impassable
кóнница, cavalry

71–75

осáда, siege
взя́тие, capture

76–80

Богéмия, Bohemia
отпóр, resistance, repulse

повернýть *prf.*, to turn (*trans.*)

81–85

дворéц, palace

86–90

завйсимость (*f.*), *with* от + *gen.*,
  dependence (on)
неудóбен (*pred. adj.*), unsuitable,
  inconvenient
óбраз жйзни, way of life

91–95

обоснова́ться *prf.*, to settle
чинóвник, official, civil servant
пéрепись (*f.*), census
беспоща́дно, mercilessly

96–100

испóльзуя, using, utilizing
призна́ние, recognition

в вйде + *gen.*, in the form of
осóбый, special

101–105

пра́во на + *acc.*, right (for, to)
собира́ние, collection, collecting
  (*noun*)
духовéнство, clergy
повиновéние, obedience; держа́ть в
  повиновéнии, to hold in obedience
прóсто, simply

106–110

прóтив + *gen.*, against
жела́ние, wish, desire
бессмы́сленный, senseless
безнадёжный, hopeless
окрéпнуть *prf.*, to gain strength, to
  get stronger

УПРАЖНЕНИЯ

A.   Отвéтьте по-рýсски:
1. Ктó бы́л Чингиз-ха́н?
2. Благодаря́ чемý моглй монгóльские войска́ óчень бы́-
стро передвига́ться?
3. Ктó бы́ли учителя́ монгóлов? Ка́к монгóлы ста́ли уче-
ника́ми не рóдственного им нарóда с высокó разви-
тóй цивилиза́цией?
4. В бйтве на Ка́лке монгóлы испóльзовали свою обы́чную
та́ктику; в чём состоя́ла э́та та́ктика?
5. Кéм бы́л Батý и чтó óн получйл в наслéдство от Чин-
гиз-ха́на?
6. Почемý войска́ Батý не дошлй до Нóвгорода?
7. Какóй нарóд в За́падной Еврóпе остановйл монгóлов?
8. Чтó вы мóжете сказа́ть о хара́ктере тата́рского йга?

B.   Переведйте на рýсский язы́к:
1. Their cavalry moved with extraordinary swiftness; thanks
to this swiftness, it could attack by surprise.
2. He was proclaimed Prince and settled in the palace.
3. A new war would cause such terrible devastations that it
would be senseless.

4. He had no special desire to be a civil servant.
5. We have informed our allies that we are against the recognition of the new government of China.
6. He often attempted to change his way of life, but apparently this is hopeless.

XIV

Глава́ четы́рнадцатая

ИВАН КАЛИТА И ВОЗВЫШЕНИЕ МОСКВЫ — КУЛИКОВСКАЯ БИТВА

Вла́сть тата́р ме́ньше всего́ чу́вствовалась в ру́сских зе́млях наибо́лее отдалённых от Золото́й Орды́: на се́веро-за́паде — в Но́вгороде, и на ю́го-за́паде — в Га́лицко-Волы́нском кня́жестве, кото́рое дово́льно бы́стро опра́-
5 вилось по́сле наше́ствия Бату́. Но ни Но́вгород, ни Га́-лицко-Волы́нское кня́жество, из-за своего́ географи́ческо-го положе́ния, не́ были спосо́бны ста́ть це́нтром, вокру́г кото́рого могли́ бы объедини́ться ру́сские зе́мли для борь-бы́ с тата́рами. Истори́ческую зада́чу объедине́ния ру́с-
10 ских земе́ль и созда́ния си́льного национа́льного госуда́р-ства вы́полнила Москва́.

Перемеще́ние це́нтра Руси́ с ю́га, из бассе́йна Днепра́, на се́веро-восто́к, в о́бласть ве́рхней Во́лги и её прито́ка Оки́, произошло́ в XII ве́ке. Росто́во-Су́здальское кня́жест-
15 во, со свое́й но́вой столи́цей Влади́миром, вы́росло и усили́лось, и вла́сть влади́мирского кня́зя, ста́вшего ве-ли́ким кня́зем, распространи́лась на все́ ру́сские зе́мли, одно́ вре́мя да́же на Но́вгород.

Су́здальская земля́ заме́тно отлича́лась от други́х ру́с-
20 ских земе́ль свои́м полити́ческим стро́ем. Се́веро-восто́ч-ные зе́мли бы́ли заселены́ значи́тельно по́зже бассе́йна Днепра́ и́ли новгоро́дского се́веро-за́пада. Колониза́ция э́тих земе́ль была́ де́лом князе́й, дете́й и вну́ков Влади́-мира Монома́ха, и их дружи́н. Кро́ме старе́йших городо́в,
25 Росто́ва и Су́здаля, на се́веро-восто́ке не́ было тради́ции ве́ча, дре́вней тради́ции, унасле́дованной ещё от до-ва-ря́жского, родово́го стро́я. Незначи́тельна была́ и земле-владе́льческая аристокра́тия, — боя́ре. Князья́, колони-за́торы и строи́тели но́вых городо́в, счита́ли кня́жество
30 свое́й ли́чной и́ли семе́йной со́бственностью и установи́ли в нём неограни́ченную ли́чную вла́сть. Представле́ние о госуда́рстве, как о ча́стном, семе́йном иму́ществе, при-вело́ к установле́нию в Росто́во-Су́здальском кня́жестве

так называемого "удельного" порядка. При этом порядке
35 князь по завещанию делил свои владения на части, или
"уделы", между своими наследниками. Следствием этого
было дробление на всё большее число маленьких кня-
жеств, которое началось незадолго до нашествия татар
и продолжалось при них. Получая всё меньшие уделы,
40 князья стремились тем или иным способом увеличить
их за счёт соседей. Часто удельные князья искали под-
держки в Золотой Орде и вовлекали её в свои споры и
интриги. Город Владимир, и вместе с ним "ярлык" на звание великого князя, переходил от одной семьи к другой.
45 К концу XIII века два удельных княжества, Московское
и Тверское, понемногу начали усиливаться за счёт других. Оба княжества занимали выгодное географическое
положение в центре, через который проходили важные
торговые пути. Борьба между ними продолжалась много
50 лет. В 1328 году московскому князю Ивану Калите уда-
лось получить в Орде звание великого князя. При нём
переехал в Москву митрополит, до того живший во Вла-
димире; таким образом Москва стала и церковной столицей.
55 Сумев приобрести полное доверие хана, Иван Калита
получил право собирать для него дань. В его распоряже-
нии оказались большие денежные средства, часть которых он удерживал для себя. Пошлины с торгового тран-
зита через Москву также приносили большой доход.
60 Часть этих денег шла на покупку новых владений. Но
Калита пользовался и другими способами для приобре-
тения новых земель: доносами, подкупом, а, когда нуж-
но, то и силой. Калита сочетал в себе отличного адми-
нистратора с искусным дипломатом и ловким интрига-
65 ном, который не стеснялся никакими средствами для до-
стижения своей цели: увеличения и усиления своего
княжества.
Калита умер в 1341 году. У него было только двое сы-
новей, из которых один умер бездетным. Княжество по-
70 этому не разбилось на уделы и сохранило своё единство.
Внук Калиты, великий князь Дмитрий (1359-1389), окон-
чательно установил принцип передачи всего великого

княжества одному́ насле́днику, положи́в коне́ц уде́льному
поря́дку.

75 В то́ вре́мя, когда́ Москва́ начина́ла выроста́ть в но́вое
национа́льное госуда́рство, Золота́я Орда́ приходи́ла в
упа́док. Отде́льные тата́рские князья́, отпа́вшие от Орды́,
соверша́ли набе́ги на ру́сские кня́жества и гра́били их.
Ру́сские ока́зывали им энерги́чное сопротивле́ние и вме́сте
80 с тем, чу́вствуя ослабле́ние вла́сти ха́на, уменьша́ли раз-
ме́р да́ни и плати́ли её нерегуля́рно. Тата́ры по́няли, что
их власть над Ру́сью в серьёзной опа́сности. Когда́ бо́ль-
шая часть Орды́ сно́ва оказа́лась под вла́стью одного́
ха́на, Мама́я, большо́е тата́рское во́йско отпра́вилось
85 за́ново покоря́ть Ру́сскую зе́млю. Навстре́чу Мама́ю вы́сту-
пил вели́кий князь Дми́трий. О́ба во́йска встре́тились 8
сентября́ 1380 го́да на Кулико́вом по́ле, у ве́рхнего До́на.
Тата́ры бы́ли разби́ты и обрати́лись в бе́гство.

Тата́рское и́го одна́ко не ко́нчилось с побе́дой Дми́трия
90 Донско́го. Че́рез два го́да тата́рам удало́сь захвати́ть
Москву́ и заста́вить ру́сских сно́ва плати́ть им дань. Тем
не ме́нее побе́да на Кулико́вом по́ле была́ ва́жным пово-
ро́тным пу́нктом в исто́рии ру́сского госуда́рства. Коне́ц
тата́рского и́га пришёл че́рез сто́ лет по́сле Кулико́вской
95 би́твы.

СЛОВАРЬ

1–5

возвыше́ние, rise
ме́ньше всего́, least of all
чу́вствоваться *imp.*, to be felt
наибо́лее, most
отдалённый, distant, remote
опра́виться *prf.*, to recover
наше́ствие, invasion

6–10

положе́ние, situation, position
зада́ча, task, problem

11–15

вы́полнить *prf.*, to achieve, to realize
перемеще́ние, shift
бассе́йн, basin (*of a river*)

ве́рхний, upper

16–20

заме́тно, noticeably
отлича́ться *imp.*, *with* от + *gen.*, to
    differ from

21–25

заселён, colonized, populated
быть де́лом + *gen.*, to be the work
    of

26–30

унасле́дованный, inherited
незначи́телен (*pred. adj.*), of no
    consequence, unimportant
строи́тель (*m.*), builder

31–35

неограни́ченный, absolute, unlimited
представле́ние, idea, notion
ча́стный, private
иму́щество, property
привести́ *prf., with* к + *dat.*, to lead to, to bring about
установле́ние, establishment
завеща́ние, will, testament
дели́ть *imp.*, to divide

36–40

сле́дствие, consequence, result
дробле́ние, fractioning (*noun*), breakup
всё бо́льший, ever greater
наше́ствие, invasion
стреми́ться *imp. only*, to aspire, to strive
то́т и́ли ино́й, one or another, this or that
спо́соб, way, means

41–45

за счёт + *gen.*, at the expense of
подде́ржка, support
вовлека́ть *imp.*, to involve, to draw in
спор, argument, dispute
зва́ние, title, rank

46–50

вы́годный, advantageous, profitable

51–55

суме́в, having managed, having succeeded
приобрести́ *prf.*, to gain, to acquire
дове́рие, confidence

56–60

распоряже́ние, command, disposal
де́нежный, financial, money (*adj.*)
сре́дства (*pl.*), means

удержива́ть *imp.*, to withhold
по́шлина, customs duty
дохо́д, income
поку́пка, purchase

61–65

приобрете́ние, acquisition
доно́с, denunciation
по́дкуп, bribery
сочета́ть *imp. only*, to combine
иску́сный, skillful
ло́вкий, artful, dexterous
стесня́ться *imp.*, to be embarrassed to have scruples
достиже́ние, achievement, attainment

66–70

безде́тный, childless
разби́ться *prf., with* на + *acc.*, to break up, to be split
сохрани́ть *prf.*, to preserve, to keep

71–75

положи́в коне́ц + *dat.*, having put an end to

76–80

приходи́ть в упа́док, to fall into decay, to decline
отпа́вший от + *gen.*, who seceded from
соверша́ть *imp.*, to make, to perform
набе́г, raid, foray
ока́зывать *imp.*, to render, to lend, to give
сопротивле́ние, resistance; ока́зывать сопротивле́ние, to put up resistance, to show resistance
ослабле́ние, weakening
уменьша́ть *imp.*, to reduce, to lessen

81–85

опа́сность (*f.*), danger

УПРАЖНЕНИЯ

A. Ответьте по-русски:
1. Куда переместился центр русских земель ко времени татарского нашествия?
2. Что такое "удельный порядок"?
3. Какие были главные причины усиления московского княжества при Иване Калите?
4. Что такое "пошлина"?
5. Почему после смерти Калиты его княжество не раздробилось?
6. Какую важную реформу в порядке наследования произвёл князь Дмитрий Донской?
7. Почему этого князя, стали называть Донским?

B. Переведите на русский язык:
1. He has a large income from the property inherited by him from his father.
2. Having been able to get financial support from his family, he bought this house; this was a very profitable purchase.
3. He lost the confidence of his friends and his affairs began to decline; they are now in a very bad situation.
4. We had a big argument about the reasons for the rise and fall of Kievan Russia.
5. The language of *The Lay of the Host of Igor* differs noticeably from the modern Russian language.
6. This task was a most difficult one, and he long sought for the means to carry it out.

XV

Глава́ пятна́дцатая

КОНЕЦ ТАТА́РСКОГО И́ГА — РАСПА́Д ЗОЛОТО́Й ОРДЫ́

Ле́том 1480 го́да хан Золото́й Орды́ вы́ступил с во́й-
ском про́тив Москвы́, та́к как моско́вский вели́кий князь
Ива́н III, пра́внук Дми́трия Донско́го, отказа́лся плати́ть
ему́ дань и призна́ть каку́ю бы то ни́ было зави́симость
5 Москвы́ от тата́р. О́ба во́йска, тата́рское и моско́вское,
встре́тились к ю́го-за́паду от Москвы́ и ста́ли одно́ про́-
тив друго́го, не начина́я бо́я. Та́к они́ простоя́ли до но-
ября́. В ноябре́ начали́сь холода́, и тата́ры ушли́ обра́тно
в орду́.
10 Этот эпизо́д обыкнове́нно счита́ют концо́м тата́рского
и́га. Он показа́л, что соотноше́ние сил ме́жду Москво́й и
тата́рами измени́лось насто́лько, что хан уже́ не мо́г за-
ста́вить моско́вского кня́зя исполня́ть свою́ во́лю. Про-
изошло́ э́то не то́лько потому́, что Москва́ значи́тельно
15 уси́лилась к э́тому вре́мени, но́ и потому́, что Орда́ осла-
бе́ла.
Мы уже́ зна́ем, что Золота́я Орда́ была́ осно́вана ха́-
ном Бату́, вну́ком Чингиз-ха́на. Когда́ Чингиз-ха́н у́мер
в 1227 году́ и его́ гига́нтская импе́рия была́ разделена́ на
20 не́сколько прови́нций (“улу́сов”), то Бату́ получи́л не
улу́с, а пра́во завоева́ть все зе́мли на за́пад от реки́ Ирты-
ша́ в Сиби́ри. Он воспо́льзовался э́тим пра́вом с больши́м
успе́хом. Его́ госуда́рство занима́ло огро́мную террито́-
рию: от за́падной Сиби́ри до Чёрного и Каспи́йского мо-
25 ре́й; ру́сские кня́жества бы́ли в зави́симости от э́того
госуда́рства. На ю́го-восто́к от Золото́й Орды́, в Сре́дней
А́зии, находи́лось друго́е тата́рское госуда́рство, так на-
зыва́емый Чагата́йский улу́с — улу́с, кото́рый получи́л
оди́н из сынове́й Чингиз-ха́на, Чагата́й, дя́дя Бату́.
30 Судьба́ э́тих двух тата́рских (и́ли тю́рко-монго́льских)
госуда́рств, Золото́й Орды́ и Чагата́йского улу́са, свя́за-
на с и́менем знамени́того азиа́тского завоева́теля, кото́-
рое мо́жно поста́вить ря́дом с и́менем Чингиз-ха́на. Этот
завоева́тель — Тиму́р-ле́нг (“Тиму́р хромо́й”), и́ли Та-

35 мерла́н. Ка́к до него́ Чингиз-ха́н, та́к и Тамерла́н меч-
та́л о созда́нии всеми́рной импе́рии; он говори́л, что ве́сь
мир со все́ми его́ наро́дами не сто́ит того́, чтобы име́ть
двух царе́й. Около 1370 го́да Тамерла́н захвати́л часть
Чагата́йского улу́са; пото́м, по́сле пятиле́тнего похо́да,
40 он завоева́л Пе́рсию. В конце́ четы́рнадцатого ве́ка Та-
мерла́н с ю́га напа́л на кавка́зские госуда́рства — Азер-
байджа́н, Арме́нию и Гру́зию — и разори́л их. Дойдя́ до
се́верного Кавка́за, он оказа́лся совсе́м бли́зко к грани́це
Золото́й Орды́. Хан Золото́й Орды́ попыта́лся остано-
45 ви́ть его́, но был разби́т. По́сле э́той побе́ды а́рмия Та-
мерла́на вошла́ в преде́лы Золото́й Орды́, разру́шила её
гла́вный го́род, Сара́й, и дви́нулась по направле́нию к
Москве́. Но перейдя́ грани́цу, отделя́вшую тогда́ Орду́
от ру́сских земе́ль, Тамерла́н взял и разори́л оди́н из
50 ру́сских пограни́чных городо́в, но вме́сто того́, чтобы
идти́ на Москву́, он поверну́л обра́тно и че́рез Кавка́зские
го́ры верну́лся в А́зию.

Тамерла́н у́мер в 1405 году́. После́дние го́ды его́ жи́зни
бы́ли за́няты оконча́тельным покоре́нием Пе́рсии и по-
55 хо́дом на Инди́ю. Огро́мная импе́рия Тамерла́на распа́лась
вско́ре по́сле его́ сме́рти. До на́шего вре́мени сохрани́лись
разва́лины зда́ний, постро́енных при нём в его́ столи́це,
Самарка́нде, на террито́рии тепе́решней Узбе́кской ССР.
Опустоша́я со стра́шной жесто́костью города́ и госуда́р-
60 ства, Тамерла́н сде́лал из Самарка́нда го́род неслы́ханного
бога́тства и великоле́пия.

Войска́ Золото́й Орды́ бы́ли разби́ты моско́вским
кня́зем Дми́трием Донски́м на Кулико́вом по́ле в
1380 году́. Но́вое пораже́ние, то́т уда́р, кото́рый нанёс
65 Орде́ Тамерла́н в 1395 году́, ускори́л распа́д госуда́рства,
осно́ванного ха́ном Бату́.

В тече́ние пятна́дцатого ве́ка, на террито́рии Золото́й
Орды́ образова́лось не́сколько самостоя́тельных та́тар-
ских госуда́рств. Они́ бы́ли завоёваны ру́сскими в шест-
70 на́дцатом ве́ке, при Ива́не Гро́зном. Одно́ из них, Кры́м-
ское ха́нство, просуществова́ло до восемна́дцатого ве́ка.

В четы́рнадцатом ве́ке тата́ры при́няли мусульма́нство.
Столи́ца Кры́мского ха́нства, Бахчисара́й, го́род велико-

лéпных дворцóв и садóв, стáла вáжным цéнтром мусуль-
75 мáнской культýры.

В настоя́щее врéмя в Совéтском Сою́зе живёт óколо
пятнáдцати миллиóнов тю́рко-татáр, потóмков жи́телей
Золотóй Орды́ и Чагатáйского улýса; э́то узбéки, татáры,
казáхи, таджи́ки и другúе нарóды срéдне-азиáтских со-
80 ю́зных респýблик.

СЛОВАРЬ

1–5

тáк как, because, as, since
прáвнук, great grandson
отказáться *prf.*, to refuse, to renounce, to decline
признавáть *imp.*, to recognize
какóй бы то ни́ был, any at all, of any kind, whatsoever

6–10

одúн прóтив другóго, one opposite the other
бóй, battle, fighting (*noun*)
простоя́ть *prf.*, to stand (for a certain time)
холодá (*pl.*), cold weather

11–15

соотношéние, correlation
измени́ться *prf.*, to change
настóлько, что, so much that
вóля, will, wishes, desire

21–25

воспóльзоваться *prf.*, + *instr.*, to take advantage
успéх, success

26–30

судьбá, fate, lot, destiny

31–35

постáвить ря́дом с + *instr.*, to place side by side
хромóй, lame (*adj.*)

как. . . , так и, just as. . . , so
мечтáть *imp.*, *with* о + *prep. case*, to dream (of, about)

36–40

всеми́рный, world (wide), universal
не стóит + *gen.*, is not worth
пятилéтний, five-year (*adj.*)
Пéрсия, Persia

46–50

предéлы (*pl.*), boundaries, limits
разрýшить *prf.*, to destroy
дви́нуться *prf.*, to move, to start
направлéние, direction
разори́ть *prf.* to ruin
пограни́чный, frontier (*adj.*)

51–55

покорéние, subjugation
распáсться *prf.*, to disintegrate, to fall apart

56–60

развáлина, ruin
опустошáя, laying waste (*pres. part.*)
неслы́ханный, unheard of

61–65

великолéпие, splendor
удáр, blow
нанести́ *prf.*, to deal a blow
ускóрить *prf.*, to accelerate

66–70

самостоя́тельный, independent

хáнство, khanate

настоя́щее вре́мя, the present (time)

просуществова́ть *prf.*, to exist (for
  a certain time)

УПРАЖНЕНИЯ

A. Отве́тьте по-ру́сски:
  1. Почему́ Ива́н III мóг отказа́ться плати́ть да́нь тата́рам?
     Каки́е собы́тия вы́звал э́тот его́ отка́з?
  2. Ско́лько приблизи́тельно вре́мени просуществова́л гó-
     род Сара́й-Бату́, столи́ца Золото́й Орды́?
  3. Ктó бы́л са́мым опа́сным врагóм тата́рских госуда́рств,
     на котóрые распа́лась импе́рия Чингиз-ха́на пóсле его́
     сме́рти?
  4. Чтó вы́ зна́ете о гóроде Самарка́нде?
  5. О чём мечта́л "Тиму́р Хромо́й?" Сбыли́сь ли его́ мечты́?
  6. Како́е тата́рское госуда́рство просуществова́ло до́льше
     всех други́х на террито́рии, котóрая была́ в концé кон-
     цóв присоединена́ к Росси́и?

B. Переведи́те на ру́сский язы́к:
  1. He always dreamed of unheard-of successes.
  2. Only ruins remained from this frontier town.
  3. There are at the present time several new independent
     states in Africa.
  4. They have a five-year old great-grandson.
  5. The situation has changed so much that it is not worth
     my while going there.
  6. This was his right, but he declined to make use of it.

XVI

Глава́ шестна́дцатая

ЛИТВА́ — ПОЛЬСКО-ЛИТО́ВСКАЯ У́НИЯ — НАЧА́ЛО БОРЬБЫ́ С ПОЛЬСКО-ЛИТО́ВСКИМ ГОСУДА́РСТВОМ

В то вре́мя, когда́ Москва́ собира́ла под свое́й вла́стью ру́сские кня́жества, гото́вя освобожде́ние от тата́рского и́га, на за́пад от моско́вских земе́ль росло́ и кре́пло го-суда́рство, с кото́рым Москве́ пришло́сь вести́ до́лгую

5 и упо́рную борьбу́.

В трина́дцатом ве́ке начало́сь объедине́ние лито́вских племён для борьбы́ с неме́цкими ры́царями. В тече́ние сле́дующего, четы́рнадцатого, столе́тия, при кня́зе Геди-ми́не, э́ти племена́ образова́ли уже́ дово́льно большо́е

10 госуда́рство. Его́ столи́цей стал го́род Ви́льно. Мно́гие за́падные ру́сские кня́жества доброво́льно присоедини́-лись к госуда́рству Гедими́на, так как на него́ не распро-страня́лась власть тата́р. В конце́ концо́в в соста́ве э́того госуда́рства оказа́лось бо́льше ру́сских земе́ль, чем ли-

15 то́вских. Ру́сские сохрани́ли в Литве́ свою́ рели́гию — правосла́вие — и свой язы́к. Свою́ культу́ру они́ не то́ль-ко сохрани́ли, но мно́гое переда́ли лито́вцам, тогда́ ещё примити́вным язы́чникам; лито́вцы поздне́е всех други́х наро́дов Евро́пы при́няли христиа́нство. Сам Гедими́н

20 был жена́т на ру́сской. Ру́сское влия́ние в дела́х госуда́р-ства бы́ло о́чень велико́ при Гедими́не. Князь Гедими́н у́мер в 1341 году́, в том са́мом году́, когда́ у́мер Ива́н Калита́.

Со вре́менем Литва́ ста́ла ме́ньше привлека́ть ру́сских

25 князе́й: Москва́ уси́ливалась, вокру́г неё скла́дывалось национа́льное ру́сское госуда́рство, и власть тата́р чу́в-ствовалась всё ме́ньше. Тогда́ Литва́ перешла́ к поли́тике акти́вной экспа́нсии. В середи́не четы́рнадцатого ве́ка Литва́ и По́льша захвати́ли Га́лицко-Волы́нские зе́мли на

30 ю́го-за́пад от Москвы́. Лито́вская экспа́нсия дости́гла сво-его́ ма́ксимума к нача́лу пятна́дцатого ве́ка. В э́то вре́мя под вла́стью Литвы́ бы́ли Ки́ев, Черни́гов, Смоле́нск и всё тече́ние Днепра́. Да́льше на се́вер грани́ца с Литво́й

проходи́ла в каки́х-нибу́дь ста́ пяти́десяти киломе́трах от
35 Москвы́. Таки́м о́бразом ру́сские зе́мли раздели́лись в то́
вре́мя на две́ ча́сти: восто́чную, находи́вшуюся под вла́-
стью тата́р, от кото́рой она́ постепе́нно освобожда́лась
(напо́мним да́ту Кулико́вской би́твы: 1380 г.), — и за́пад-
ную, воше́дшую в соста́в вели́кого кня́жества Лито́вско-
40 го, кото́рое ста́ло ру́сско-лито́вским госуда́рством по
своему́ населе́нию и по свое́й культу́ре.

Отноше́ния ру́сского и лито́вского элеме́нтов в э́том
госуда́рстве измени́лись к концу́ четы́рнадцатого ве́ка. В
то́ вре́мя в По́льше прекрати́лась короле́вская дина́стия,
45 и По́льша предложи́ла Литве́ "у́нию" — соглаше́ние, по
кото́рому вели́кий кня́зь лито́вский бы́л бы в то́ же вре́мя
по́льским королём. У́ния была́ заключена́ в 1386 году́.
Лито́вский вели́кий кня́зь Яга́йло ста́л по́льским королём
под и́менем Владисла́ва; о́н жени́лся на до́чери после́д-
50 него по́льского короля́, Ядви́ге, при́нял католи́чество и
обеща́л распространя́ть католи́ческую ве́ру среди́ насе-
ле́ния вели́кого кня́жества, кото́рое бы́ло ча́стью язы́-
ческим, ча́стью — возмо́жно в большинстве́ — правосла́в-
ным. Таки́м о́бразом в Литве́ утверди́лось влия́ние, враж-
55 де́бное ру́сскому: влия́ние католи́ческой По́льши.

Факти́чески Литва́ не оста́лась под прямо́й вла́стью
Яга́йло-Владисла́ва: бы́л назна́чен осо́бый прави́тель Лит-
вы́, Лито́вский вели́кий кня́зь. Вско́ре, при вели́ком кня́зе
Вито́вте (1392-1430), зави́симость Литвы́ от по́льского
60 короля́ ста́ла чи́сто номина́льной. Вито́вт бы́л, вероя́тно,
са́мой кру́пной фигу́рой в лито́вской национа́льной тра-
ди́ции. Литва́ занима́ла при нём террито́рию "от мо́ря и
до мо́ря" то́ есть от Балти́йского мо́ря до Чёрного. При
Вито́вте же, в 1410 году́, соединённые си́лы Литвы́ и По́ль-
65 ши одержа́ли побе́ду над неме́цкими ры́царями Тевто́н-
ского о́рдена в восто́чной Пру́ссии, в знамени́той би́тве
о́коло дереве́нь Грю́нвальд и Та́нненберг. В по́льско-ли-
то́вском во́йске бы́ло мно́го во́инов из за́падных ру́сских
кня́жеств.

70 С у́нией 1386 го́да ко́нчилось ми́рное сожи́тельство ли-
то́вцев и ру́сских в Лито́вском госуда́рстве. Начали́сь го-
не́ния на правосла́вную це́рковь. По́льское влия́ние росло́

ОБРАЗОВАНИЕ РУССКОГО ГОСУДАРСТВА (1462 Г.)

Онежское озеро

Ладожское озеро

ВЕЛИКОЕ КНЯЖЕСТВО МОСКОВСКОЕ

Нева

БАЛТИЙСКОЕ МОРЕ

Новгород

Рига

Тверь

Суздаль

Владимир

З. Двина

Москва

Неман

Вильно

Висла

КОРОЛЕВСТВО ПОЛЬСКОЕ

ВЕЛИКОЕ КНЯЖЕСТВО ЛИТОВСКОЕ

Волга

Киев

Днепр

Дон

Днестр

Дунай

Азовское море

КАСПИЙСКОЕ МОРЕ

АДРИАТИЧЕСКОЕ МОРЕ

ЧЕРНОЕ МОРЕ

Константинополь

ТУРЦИЯ

и занима́ло ме́сто ру́сского. По́льский язы́к вытесня́л ру́сский.

75 Когда́ при Ива́не III Моско́вская Ру́сь оконча́тельно освободи́лась от тата́р, то она́ оказа́лась в сосе́дстве, на за́паде, с си́льным и агресси́вным По́льско-Лито́вским госуда́рством.

Спо́р о зе́млях, захва́ченных Литво́й, угро́за дальней-
80 шей экспа́нсии, пресле́дования, кото́рым подверга́лось ру́сское правосла́вное меньшинство́, всё э́то не могло́ не привести́ к вооружённому конфли́кту. В са́мом нача́ле шестна́дцатого ве́ка ме́жду Москво́й и По́льско-Лито́вским короле́вством начала́сь борьба́, кото́рая продолжа́лась, с
85 переры́вами, о́чень мно́го лет.

СЛОВАРЬ

1–5

у́ния, union
гото́вя, preparing
освобожде́ние, liberation
росло́, grew
кре́пло, gained strength
упо́рный, tenacious

11–15

доброво́льно, voluntarily, of one's own accord, of one's own free will
присоединя́ться *imp.*, to join
соста́в, composition, body

16–20

переда́ть *prf.*, to transmit, to pass on

21–25

со вре́менем, as time went on, later on, in time
привлека́ть *imp.*, to attract
скла́дываться *imp.*, to be formed, to take shape

31–35

тече́ние, course
каки́е-нибу́дь, some

36–40

напо́мнить, *prf.*, to remind

воше́дший, which entered

41–45

прекрати́ться *prf.*, to come to an end, to stop, to cease
предложи́ть *prf.*, to propose, to offer, to suggest
соглаше́ние, agreement

46–50

в то́ же вре́мя, at the same time

51–55

ча́стью, partly, in part
большинство́, majority
утверди́ться *prf.*, to be consolidated
вражде́бный, hostile

56–60

факти́чески, actually, in fact
прямо́й, direct
назна́чен, appointed
чи́сто, purely

66–70

сожи́тельство, coexistence

71–75

гоне́ние, persecution, oppression
вытесня́ть *imp.*, to force out

76–80

оказа́ться в сосе́дстве, to find oneself the neighbor of
угро́за, threat, menace
дальне́йший, further (adj.)
пресле́дование, persecution

подверга́ться imp., to submit to
(intr.)

81–85

меньшинство́, minority
не могло́ не, could not but
привести́ prf., with к + dat., to lead
to, to bring about

УПРАЖНЕНИЯ

A. Отве́тьте по-ру́сски:
  1. Почему́ не́которые ру́сские кня́жества присоедини́лись
     к госуда́рству Гедими́на?
  2. Что́ мо́жно сказа́ть о положе́нии ру́сских в э́том го-
     суда́рстве?
  3. Где́ проходи́ла грани́ца ме́жду Литво́й и восто́чно-
     ру́сскими кня́жествами, це́нтром кото́рых была́ Москва́,
     в нача́ле пятна́дцатого ве́ка?
  4. Каку́ю ро́ль сыгра́ла у́ния 1386 го́да в положе́нии ру́с-
     ских, жи́вших в Литве́?
  5. Влия́ние како́го госуда́рства и како́й це́ркви уси́лилось
     в Литве́ по́сле у́нии?
  6. Где́ и ке́м была́ оде́ржана побе́да на́д ры́царями Тев-
     то́нского о́рдена?

B. Переведи́те на ру́сский язы́к:
  1. An agreement was reached at long last.
  2. After several weeks, the tenacious resistance of the mi-
     nority ceased.
  3. He always joined the majority.
  4. Despite the hostile attitude of the majority toward his
     proposal, he refused to withdraw it (to take it back).
  5. Despite the oppression and the persecutions, his faith in
     the liberation of his country grew and gained strength.
  6. I must remind you that you promised me to bring today
     my book on the history of the Teutonic Order.

XVII

Глава́ семна́дцатая

ИВАН III — ОБРАЗОВАНИЕ МОСКОВСКОГО ЦАРСТВА
— ПАДЕНИЕ ВИЗАНТИИ

Мы́ уже́ говори́ли о дву́х ва́жных собы́тиях, кото́рые
произошли́ во вре́мя княже́ния Ива́на III (1462-1505): о
присоедине́нии Но́вгорода к Москве́ и о прекраще́нии
зави́симости от тата́р. При Ива́не III вели́кое кня́жество
5 моско́вское ста́ло национа́льным великору́сским госу-
да́рством, а моско́вский вели́кий кня́зь Ива́н III стал мо-
на́рхом с неограни́ченной вла́стью.

Когда́ Ива́н III стал кня́зем, то кро́ме его́ кня́жества —
моско́вского — бы́ло ещё мно́го други́х кня́жеств. Эти
10 кня́жества называ́ют, как мы́ уже́ зна́ем, "уде́льными".
Моско́вский вели́кий кня́зь не име́л над э́тими кня́жест-
вами прямо́й вла́сти, а име́л то́лько авторите́т "вели́кого
кня́зя всея́ Руси́", авторите́т, коне́чно, о́чень большо́й,
потому́ что его́ подде́рживала си́ла моско́вского кня́жест-
15 ва. Но всё же моско́вский кня́зь, по кра́йней ме́ре теоре-
ти́чески, был ещё то́лько "пе́рвым среди́ ра́вных". При
Ива́не III все уде́льные кня́жества (кро́ме Ряза́нского)
слили́сь в одно́ госуда́рство, под вла́стью одного́ кня́зя,
вели́кого кня́зя моско́вского, кото́рого иногда́ уже́ на-
20 зыва́ли царём. Из все́х кня́жеств то́лько тверско́е[1] оказа́ло
сопротивле́ние Ива́ну; но в конце́ концо́в и Тве́рь, ста́рая
сопе́рница Москвы́, должна́ была́ ему́ подчини́ться.

Вся́ госуда́рственная вла́сть сосредото́чилась тепе́рь в
рука́х моско́вского вели́кого кня́зя — "госуда́ря всея́
25 Руси́". Бы́вшие уде́льные князья́ станови́лись его́ слу́гами
и сове́тниками. Зе́мли, кото́рые пре́жде бы́ли их кня́жест-
вами, остава́лись их со́бственностью, но они́ не име́ли
госуда́рственной вла́сти над ни́ми и их обита́телями.

Приблизи́тельно в то́ же вре́мя, во второ́й полови́не
30 пятна́дцатого ве́ка, и в За́падной Евро́пе, где феода́льный
строй приходи́л к концу́, создава́лись национа́льные го-

---

[1] тверско́е кня́жество, Tver principality.

суда́рства с си́льной централизо́ванной вла́стью: А́нглия, Фра́нция, Испа́ния, Португа́лия, скандина́вские короле́вства.

35 В формирова́нии моско́вской мона́рхии сыгра́ло значи́тельную ро́ль влия́ние Византи́и. В 1453 году́, то́ есть за се́мь лет до того́, как Ива́н III стал вели́ким кня́зем, произошло́ собы́тие грома́дной истори́ческой ва́жности: Константино́поль, столи́ца Византи́йской импе́рии и центр
40 восто́чной христиа́нской це́ркви, был взят ту́рками. Византи́я, Восто́чно-Ри́мская импе́рия, прекрати́ла своё тысячеле́тнее существова́ние.

Незадо́лго до свое́й ги́бели, когда́ ту́рки уже́ бы́ли на Балка́нах, Византи́я пыта́лась получи́ть по́мощь от за́-
45 падного, католи́ческого ми́ра в борьбе́ с ту́рками. Для того́, чтобы получи́ть обеща́ние по́мощи (то́лько обеща́ние: по́мощь не была́ ока́зана), Восто́чной Импе́рии пришло́сь отказа́ться от незави́симости свое́й це́ркви. В 1439 году́, во Флоре́нции, ме́жду восто́чной и за́падной
50 церквя́ми была́ заключена́ у́ния; восто́чная це́рковь, главо́й кото́рой был константино́польский патриа́рх, призна́ла авторите́т ри́мского па́пы.

Москва́ отказа́лась призна́ть флоренти́йскую у́нию: в Москве́ счита́ли, что като́лики ненамно́го лу́чше мусульма́н,
55 ма́н, гла́вных "враго́в христиа́нской ве́ры". Когда́ в 1453 году́ ту́рки взя́ли Константино́поль, то мно́гие в Москве́ по́няли э́то собы́тие, как наказа́ние, по́сланное Бо́гом за изме́ну и́стинной ве́ре: Византи́йская це́рковь подчини́лась Ри́му, и за э́то Бог посла́л на неё туре́цких завоева́-
60 телей.

По́сле паде́ния Византи́и в Москве́ пропаганди́ровалась иде́я, что Москва́ явля́ется насле́дницей Византи́и, а моско́вский вели́кий князь — насле́дником византи́йского импера́тора. Эта иде́я зароди́лась не в Москве́; её а́втора-
65 ми бы́ли гре́ки, кото́рые эмигри́ровали из Константино́поля. В Москве́ иде́ю, что "Москва́ — тре́тий Рим" (Византи́я счита́лась вторы́м Ри́мом) подде́рживала ча́сть духове́нства, свя́занная с гре́ческим духове́нством. Практи́чески э́та иде́я означа́ла, что моско́вский вели́кий князь,
70 насле́дник Византи́и и защи́тник восто́чной христиа́нской це́ркви, до́лжен взять на себя́ де́ло освобожде́ния восто́ч-

ных христиа́н от вла́сти ту́рок. Но моско́вское прави́тель-
ство не хоте́ло в то́ вре́мя вступа́ть в конфли́кт с о́чень
могу́щественной Туре́цкой импе́рией — и предоста́вило
75 свое́й судьбе́ византи́йцев, нака́занных Бо́гом за изме́ну
правосла́вию.

СЛОВАРЬ

1–5

княже́ние, the rule (of a prince)
присоедине́ние, annexation
прекраще́ние, end, cessation
великору́сский, Great Russian (adj.)

11–15

"всея́", old form of gen. f.; now
  всей, of all
всё же, still; all the same
по кра́йней ме́ре, at least

16–20

ра́вный, equal
сли́ться prf., to merge

21–25

сопе́рница (f.), rival
госуда́рственный, state (adj.)
сосредото́читься prf., to be con-
  centrated, to concentrate (intr.)
госуда́рь (m.), lord, sovereign
слуга́ (m.), servant

26–30

сове́тник, counselor
обита́тель (m.), inhabitant

36–40

грома́дный, tremendous, huge

41–45

тысячеле́тний, thousand-year (adj.)
существова́ние, existence
ги́бель (f.), destruction, ruin, end

56–60

наказа́ние, punishment
по́сланный, sent
Бог, God
изме́на, betrayal, treason
и́стинный, true

61–65

пропаганди́роваться imp. only, to
  be propagandized
зароди́ться prf., to be conceived, to
  originate

66–70

подде́рживать imp., to support
означа́ть imp. only, to mean, to
  signify
защи́тник, protector

71–75

взять на себя́ prf. verb, to take upon
  oneself
могу́щественный, powerful
предоста́вить свое́й судьбе́, to leave
  to one's fate

УПРАЖНЕНИЯ

A. Отве́тьте по-ру́сски:

1. Ива́н III ста́л мона́рхом с неограни́ченной вла́стью; ке́м,
   и́ли чём, была́ ра́ньше ограни́чена вла́сть моско́вских
   вели́ких князе́й над други́ми ру́сскими кня́жествами?

2. Что́ ограни́чивало вла́сть кня́зя в Но́вгороде?
3. Мо́жно ли найти́ паралле́ли в За́падной Евро́пе того́ вре́мени к тому́ истори́ческому проце́ссу, кото́рый соверша́лся в Москве́?
4. Како́е собы́тие произошло́ в 1453 году́?
5. Ка́к объясня́ли э́то собы́тие в Москве́?
6. Что́ зна́чат слова́: "Москва́ — тре́тий Ри́м"?
7. Почему́ иде́я "тре́тьего Ри́ма" не вы́звала в Москве́ осо́бого энтузиа́зма?

B. Переведи́те на ру́сский язы́к:
1. The prediction of the leader of the German people did not come true, and the "thousand-year" Empire actually existed only a little more than ten years.
2. God created all men equal.
3. Mary Stuart was a rival of the English queen Elizabeth I.
4. Kiev was taken and laid waste by the Mongols, and its inhabitants, who had offered resistance to them, were massacred.
5. He will need at least two years to accomplish the task which he took upon himself.
6. I received today an important letter from my friend, sent by him from Constantinople in the second half of August.

XVIII

Глава́ восемна́дцатая

ИВАН III (ПРОДОЛЖЕНИЕ) — ИДЕОЛОГИЯ И КУЛЬТУРА

Ро́ль "тре́тьего Ри́ма", ка́к мы́ ви́дели, не была́ при́нята Москво́й; иде́я прее́мственности от Византи́и вызыва́ла в Москве́ недове́рие. Официа́льная доктри́на Моско́вского ца́рства осно́вывалась на совсе́м друго́й иде́е. Москва́
5 хоте́ла бы́ть при́знанной не насле́дницей Ри́ма и Византи́и, а и́х ра́вной. Что́бы получи́ть тако́е призна́ние, в Москве́ стреми́лись доказа́ть, что Ру́сь име́ет свою́, незави́симую и о́чень дре́внюю, тради́цию христиа́нского госуда́рства, не ме́нее дре́внюю, чем византи́йская. Но́
10 ка́к э́то доказа́ть? Для э́того по́льзовались не́которыми ста́рыми леге́ндами, ещё ки́евского пери́ода, и́ли же изобрета́ли но́вые. Согла́сно одно́й тако́й леге́нде, ру́сскую зе́млю когда́-то посети́л апо́стол Андре́й и благослови́л то́ ме́сто, на кото́ром бы́л постро́ен го́род Ки́ев. Это
15 благослове́ние одного́ из прямы́х ученико́в Христа́ уменьша́ло, коне́чно, ро́ль византи́йских миссионе́ров, уча́ствовавших в креще́нии Руси́ при Влади́мире в деся́том ве́ке. Друга́я леге́нда утвержда́ла, что Рю́рик происходи́л от бра́та ри́мского импера́тора А́вгуста. Наконе́ц говори́ли,
20 что византи́йский импера́тор переда́л си́мволы ца́рской вла́сти ки́евскому кня́зю Влади́миру Монома́ху, ещё в нача́ле двена́дцатого ве́ка (одни́м из э́тих си́мволов была́ знамени́тая "ша́пка Монома́ха", кото́рую ру́сские цари́ носи́ли в торже́ственных слу́чаях; са́м Влади́мир Моно-
25 ма́х э́той ша́пки, впро́чем, не носи́л: она́ гора́здо бо́лее по́зднего вре́мени, чем то, когда́ о́н жи́л). Таки́м о́бразом, е́сли прее́мственность от Византи́и иногда́ и признава́ли, то́ её стара́лись отнести́ к ки́евскому пери́оду, не свя́зывая её с паде́нием Византи́и в пятна́дцатом ве́ке.
30 Хотя́, как мы ви́дели, Москва́ не хоте́ла призна́ть себя́ насле́дницей Византи́и, "тре́тьим Ри́мом", всё же влия́ние полити́ческой и культу́рной тради́ции Византи́и в моско́вском ца́рстве бы́ло о́чень велико́. Это влия́ние осо́бенно

усилилось с женитьбой Ивана III на византийской княжне
35 Софии Палеолог, племяннице последнего императора, которая, после падения Константинополя, жила со своим
отцом в Риме. С нею в Москву приехало много греков,
которые бежали из Константинополя. Среди них и среди
других эмигрантов из Византии, а также из Болгарии и
40 из Сербии, было много учёных и мастеров, которые при-
несли в Москву свои знания и своё искусство. Значительно
было и политическое влияние византийского абсолютиз-
ма на абсолютную монархию, которая начинала склады-
ваться в Москве.

45 После долгой и почти полной изоляции вследствии
татарского ига, Россия, при Иване III восстанавливает
связи с западом и начинает принимать активное участие
в европейской политике. В Москве принимают иностран-
ных послов, и московские послы отправляются в евро-
50 пейские страны.

Конец пятнадцатого века был эпохой больших мор-
ских путешествий: в 1492 году Колумб открыл Америку;
шесть лет спустя португалец Васко да Гама добрался до
Индии. В связи с этим интересно отметить, что между
55 1466 и 1472 годом тверской купец Афанасий Никитин со-
вершил путешествие в Индию через Каспийское море и
Персию; он оставил чрезвычайно интересное описание
стран, которые он посетил.

В пятнадцатом веке в России развиваются архитек-
60 тура и живопись. В первой половине этого века жил вы-
дающийся русский художник, Андрей Рублёв; в мона-
стырях московской области сохранились замечательней-
шие фрески его работы; иконы его работы можно видеть
в Москве, в Третьяковской галлерее.

65 В архитектуре Москва продолжает и обновляет традицию Суздаля и Владимира. При Иване III были произ-
ведены большие работы по перестройке московского
Кремля. На кремлёвском холме находилось древнее сла-
вянское поселение. Этот холм был защищён с юга Мо-
70 сквой-рекой, а с запада рекой Неглинной (воды этой реки
проходят теперь по подземной трубе, проложенной в
начале девятнадцатого века). Ещё в середине двенадцатого века село Москва было окружено деревянной сте-

ной. Это было начало Кремля — укреплённого города.
75 Иван Калита построил в Москве много зданий, большею
частью деревянных, и обнёс увеличившийся город новой,
дубовой стеной. Дмитрий Донской построил новые стены
с башнями из белого камня; поэтому город стали называть "белокаменная Москва". Эти укрепления выдер-
80 жали несколько осад — литовцев, татар, а также рязан-
ских и тверских князей. Ко времени Ивана III стенам было
уже больше ста лет; Иван построил новые, кирпичные,
стены и башни, которые и теперь окружают московский
Кремль. Внутри Кремля при нём были построены дворцы
85 и церкви. Вместе с русскими мастерами работали и ино-
странцы. Среди них особенно замечателен итальянский
инженер и архитектор Аристотель Фиораванти, который
в 1479 году построил в Кремле Успенский собор, пре-
красное здание, простые и строгие формы которого про-
90 должают русскую архитектурную традицию Суздаля и
Владимира.

СЛОВАРЬ

1–5
преемственность (*f.*), inheritance
вызывать *imp.*, to provoke, to arouse
недоверие, distrust, mistrust
основываться *imp.*, to be based on
признанный, recognized

6–10
доказать *prf.*, to prove

11–15
изобретать *imp.*, to invent
посетить *prf.*, to visit
благословить *prf.*, to bless
ученик, disciple, student, pupil

16–20
участвовавший, who took part
утверждать *imp. only*, to assert, to maintain
символ, symbol

21–25
шапка, hat

торжественный, solemn, state (*adj.*)

26–30
поздний, late
отнести *prf., with* к + *dat.*, to attribute (to)
не связывая, without connection
падение, fall

31–35
женитьба, marriage (*of a man*)
племянница, niece

41–45
знание, knowledge
искусство, art

46–50
восстанавливать *imp.*, to reestablish, to restore

51–55
открыть *prf.*, to discover

спустя́ (only with a period of time indicated), later

добра́ться *prf., with* до + *gen.*, to reach

в связи́ с э́тим, in connection with this, in this connection

отме́тить *prf.*, to note

соверши́ть путеше́ствие, *prf. verb,* to make a journey

56–60

чрезвыча́йно, extremely

жи́вопись (*f.*), painting

выдаю́щийся, exceptional, outstanding

61–65

худо́жник, artist (painter)

замеча́тельнейший, most remarkable

обновля́ть *imp.*, to revive, to renovate

66–70

перестро́йка, rebuilding

холм, hill

поселе́ние, settlement

71–75

подзе́мный, underground

труба́, pipe

проло́женный, laid

деревя́нный, wooden

бо́льшей ча́стью, for the most part

76–80

обнести́ *prf.*, to surround (with a fence or wall)

дубо́вый, oak (*adj.*)

ба́шня, tower

ка́мень (*m.*), stone

вы́держать *prf.*, to sustain

ряза́нский, of Ryazan (*adj.*)

81–85

кирпи́чный, brick (*adj.*)

86–90

стро́гий, severe, sober

УПРАЖНЕ́НИЯ

A.   Отве́тьте по-ру́сски:
1. На како́й иде́е была́ осно́вана официа́льная доктри́на моско́вского госуда́рства при Ива́не III?
2. Что тако́е "ша́пка Монома́ха"?
3. Завоева́ние Балка́нского полуо́строва ту́рками вы́звало эмигра́цию, кото́рая обогати́ла моско́вскую культу́ру. Кто бы́ли эти эмигра́нты? Почему́ эмигри́ровали в Москву́?
4. На ком жени́лся Ива́н III?
5. Измени́лись ли при Ива́не III отноше́ния с За́падной Евро́пой?
6. Како́й путеше́ственник побыва́л в Инди́и до португа́льца Ва́ско да Га́мы?
7. Что тако́е "Кре́мль"?
8. Почему́ Москву́ называ́ли "белока́менной"?

B.   Переведи́те на ру́сский язы́к:
1. They live in that large wooden house on the hill.

2. We made a very interesting trip along the Mediterranean and visited Spain, Italy, and Greece.
3. Byzantine painting had a strong influence on Moscow artists of the fifteenth century.
4. He married the niece of an outstanding architect who built several beautiful buildings.
5. He passed on his knowledge to his pupils.
6. The President of the United States receives foreign ambassadors in the White House, in Washington.

VOCABULARY

Verbs in this vocabulary are given in their two aspectual forms, the first of the two infinitives being the imperfective. Where only a single infinitive is listed, it is *imp.* unless otherwise indicated. The conjugation pattern is indicated after each infinitive, as follows:

I without any further indication means that the infinitive ending is dropped (the separation between stem and ending is marked), and that the personal endings of the first conjugation must be added (with y instead of ю, and ут instead of ют, if the infinitive stem ends in a consonant).

Similarly, II without any further indications designates the endings of the second conjugation (with y instead of ю and ат instead of ят if the infinitive stem ends in ж, ч, ш, or щ). When any deviations from these patterns are present (such as consonant mutations or other changes in the stem, shifts of stress, etc.), the personal forms (first and second singular, third plural) are given in full or in abbreviated form.

автоно́мный, autonomous
апельси́н, orange

бассе́йн, basin (of a river, sea, etc.)
ба́шня, tower
бе́дный, poor
безде́тный, childless
бе́рег, shore
бессмы́сленный, senseless
беспоща́дно, merciless (ly)
би́тва, battle
благодаря́ + *dat.*, thanks to
благословля́/ть, I; благослови́ть, II (благослов/лю́, —и́шь, —я́т) to bless
Бог, God; Бо́жий, God's
бога́тство, wealth, prosperity
бой, battle, fight (ing) (*noun*)
бо́лее того́, moreover
боло́т/о, swamps, marsh; —истый, marshy, swampy
бо́льше всего́, most of all, mainly
бо́льшею ча́стью, for the most part
большинство́, majority; быть в б., to form the majority

борьба́, struggle
боя́рин (*pl.* боя́ре), boyar (see note, Chapter XI)
брать, I (бер/у́, —ёшь, —у́т); взять, I (возьм/у́, —ёшь, —у́т) to take; (брать, взять) на себя́, to take upon oneself
брак, marriage
быстрота́, speed, swiftness
бу́ква, letter, character

ва́жный, important
в ви́де + *gen.*, in the form of
ввози́ть, II (ввожу́, ввоз/ишь, —ят); ввез/ти́, I to import
вдоль, along
век, century, age
вели́кий, great; вели́к, great (*pred. adj.*)
великоле́пие, splendor
великору́сский, Great Russian
величина́, size, magnitude
ве́ра, faith, religion, belief
ве́рить, II; пове́рить, II to believe
ве́рно, true, exact (ly), correct (ly)

вернуться, *see* возвращаться

вероятно, probably

верхний, upper

верховный, supreme

вести, I (вед/у́, —ёшь, —у́т); в. войну́ to wage war, to make war; в. торго́влю, to carry on trade, to conduct trade

взя́т/ие, capture; —ый, captured, taken

взять, *see* брать

ви́дный, prominent

виногра́д (*collective*), grapes

владе́ние, possession

вла́ствовать, I (вла́ству/ю, —ешь, —ют); *with* над + *instr.*, to rule (over)

власть (*f.*), power, authority

влия́ние, influence

вме́сте, together; в. с тем, at the same time

вме́сто + *gen.*, instead (of)

вне́шний, external, outward, foreign (policy, trade)

вноси́ть, II (вношу́, внос/ишь, —ят); внес/ти́, I to introduce, to bring in

вниз, down

внук, grandson

внутри́ + *gen.*, within

вовлека́/ть, I; вовле́чь I (вовле/ку́, —чёшь, —ку́т) to involve, to drawn in

во́дный, water (*adj.*)

воева́ть, I (вою́/ю, —ешь, —ют), to wage war, to be at war; завоева́ть, I to conquer

вое́нный, war (*adj.*), military

вождь (*m.*), leader

возвраща́/ться *imp.*, I; возврати́ться *prf.*, II (возвра/щу́сь, —ти́шься, —тя́тся); верн/у́ться *prf.*, I to return, to come back

возвыше́ние, rise, elevation

возмо́жно, possible, possibly

во́ин, warrior

во́инственный, warlike, belligerent

во́йско, army

вокру́г + *gen.*, around

во́ля, will, desire

вооружённый, armed

воро́та (*n., pl.* only), gate

воск, wax

воспо́льзоваться, *see* по́льзоваться

восстана́влива/ть, I; восстанови́ть, II (восстан/овлю́, —о́вишь, —о́вят) to restore, to reestablish

восста́ние, uprising, rebellion

восто́/к, east; —чный, eastern, oriental

впада́/ть, I; впасть, I (впад/у́, —ёшь, у́т) to fall into

впосле́дствии, subsequently, afterwards

впро́чем, incidentally, however

вра/г, enemy, foe; —жде́бный, hostile

вре́мя (*pl.* времена́), time; в то́ же вре́мя, at the same time; до́лгое вре́мя, (for) a long time; за э́то вре́мя, during that time; не́которое вре́мя, a certain time; со вре́менем, in the course of time, with time, eventually

вса́дник, horseman, rider

всё же, still, all the same; всё таки́, nevertheless

всеми́рный, world (wide), universal

всле́д за + *instr.*, after, following

вспомина́/ть, I; вспо́мн/ить, II to remember, to recollect

встре́ча, encounter, meeting (*noun*)

в том числе́, among them, including

вторга́/ться, I; вто́ргн/уться, I to invade

выбира́/ть, I; вы́брать, I (вы́бер/у, —ешь, —ут) to elect, to choose

вы́годный, advantageous, profitable

выде́ржива/ть, I; вы́держ/ать, II to sustain

выжига́/ть, I; вы́жечь, I (вы́ж/гу, —жешь, —гут) to burn (out)

вызыва́/ть, I; вы́звать, I (вы́зов/у, —ешь, —ут) to call forth, to provoke, to give rise to вы́йти, *see* выходи́ть

выполза́/ть, I; вы́полз/ти, I to creep out, to crawl out

выполня́/ть, I; вы́полн/ить, II to achieve, to realize

выраба́тыва/ть, I; вы́работа/ть, II to work out, to develop, to evolve

выраже́ние, expression

выраста́/ть, I; вы́раст/и, I to grow into, to grow up

выса́жива/ться, I; вы́садиться, II (вы́-сажусь, вы́сад/ишься, —ятся) to disembark

вытесня́/ть, I; вы́тесн/ить, II to force out

выступа́/ть, I; вы́ступить, II (вы́-ступ/лю, —ишь, —ят) to come out, to perform, to appear before an audience

вы́ше, higher

вы́ход, outlet, way out, exit

выходи́ть, II (выхожу́, выхо́д/ишь, —ят); вы́йти, I (вы́йд/у, —ешь, —ут); в. за́муж, to marry (of a woman)

ги́бель (*f.*), destruction, ruin, end

глава́, chief, head; во главе́ + *gen.*, at the head of

гла́вн/ый, chief, main; —ым о́бразом, chiefly, mainly

гоне́ние, persecution

гора́здо, much (*used only with comp.*)

госуда́рств/о, state; —енный, state (*adj.*)

госуда́рь (*m.*), sovereign, lord

гото́в/ый, ready; —я, (while) preparing

гра́бить, II (гра́б/лю, —ишь, —ят); огра́бить, II to pillage, to plunder

грани́ца, border, frontier

грани́ч/ить, II, to border (on); —ащий, bordering (on)

грома́дный, tremendous, huge

грудь (*f.*), chest, breast

давно́, long ago

да́же, even

даль/не́йший, furthermost, next; —ний, far, distant; —ше, further

дань (*f.*), tribute

дви́га/ться, I; дви́н/уться I to move (*intr.*)

двор/е́ц, palace; —яни́н, nobleman

действи́тельно, actually

де́йствовать, I (де́йству/ю, —ешь, —ют) to operate, to act

дели́ть *imp.*, II (делю́, де́л/ишь, —ят); подели́ть *prf.*, II; раздели́ть *prf.*, II to divide

де́ло, affair, matter, business; на са́мом де́ле, in reality, in actual fact; быть де́лом + *gen.*, to be the work of

де́н/ьги (*pl.*), money; —ежный, money (*adj.*), financial

деревя́нный, wooden

держа́ть, II (держу́, де́рж/ишь, —ат); подержа́ть, II to hold, to keep

ди́кий, savage, wild

дли́нный, long

добавля́/ть, I; доба́вить, II (доба́в/-лю, —ишь, —ят) to add

доба́вочный, additional

добира́/ться, I; добра́ться, I (добер/у́сь, —ёшься, —у́тся); *with* до + *gen.*, to reach, to make one's way to

доброво́льно, voluntarily

дове́рие, confidence

дово́льно, fairly, rather, enough

догово́р, treaty

дворе́ц, palace

дока́зыва/ть, I; доказа́ть, I (докажу́, дока́ж/ешь, —ут) to prove

доно́с, denunciation

достига́/ть, I; дости́гн/уть, I to attain, to reach, to achieve

дохо́д, income

доходи́ть, II (дохожу́, дохо́д/ишь, —ят); дойти́, I (дойд/у́, —ёшь, —у́т) to reach, to attain

дре́вний, ancient, antique

древнецерковнославя́нский, Old
  Church-Slavonic
дробле́ние, fractioning, break up
дубо́вый, oak (adj.)
духове́нство, clergy
дым, smoke

Ева́нгелие, the Gospel (s)
еди́н/и́ца, unit; —ственный, (the) only; —ство, unity
епи́скоп, bishop

жале́/ть, I; пожале́ть, I to regret, to
  feel sorry, to feel pity
жела́ние, wish, desire
жен/а́тый на + prep. case, married
  to (of a man); —и́тьба, marriage
жесто́к/ий, cruel; —ость (f.), cruelty
живо́й, living, alive
жи́вопись (f.), painting
жи́тель (m.), inhabitant

забо́титься, II (забо́чусь, забо́т/ишь-
  ся, —ятся); о + prep. case, to care
  for, to take care of
зави́сеть, II (зави́шу, зави́с/ишь,
  —ят), with от + gen., to depend
  on
зави́симость (f.), dependence
завоева́ние, conquest
завоева́тель (m.), conqueror
завоева́ть, see воева́ть
заключа́/ть, I; заключ/и́ть, II to
  conclude
зада́ча, task, problem
зако́н, law
зали́в, gulf
заме́тно, noticeably
замеча́тельный, remarkable, wonderful
за́мок, castle
занима́/ть, I; заня́ть, I (займ/у́,
  —ёшь, —у́т) to occupy
за́ново, anew, again
заня́тие, occupation
за́пад, west (noun)
запомина́/ть, I; запо́мн/ить, II to me-
  morize, to remember

запреща́/ть, I; запрети́ть, II (запре-
  щу́, запрет/и́шь, —я́т) to forbid,
  to prohibit
зара́нее, beforehand, in advance,
  ahead of time
зарожда́/ться, I; зарод/и́ться, II (no
  1st person sing.) to be conceived,
  to originate (intr.)
заса́да, ambush
заселённый, colonized, populated
заставля́/ть, I; заста́вить, II (за-
  ста́в/лю, —ишь, —ят) to force, to
  compel
за счёт, at the expense
зате́м, then, thereupon, subsequently
зау́чива/ть, I; заучи́ть, II (зауч́у, за-
  у́ч/ишь, —ат) to learn, to memo-
  rize
захва́т, seizure, capture
захва́тыва/ть, I; захвати́ть, II (за-
  хвач/у́, захва́т/ишь, —ят) to seize
защи́т/а, protection; defense; —ник,
  defender, protector
защища́/ть, I; защити́ть, II (защи-
  щу́, защит/и́шь, —я́т) to defend,
  to protect
зва́ние, title, rank
звать, I, (зов/у́, —ёшь, —у́т); по-
  зва́ть, I to call (to command or
  to request someone to come)
звон/и́ть, II; позвони́ть, II to ring
звук, sound
земл/я́, land, earth, soil; —еде́лец,
  agriculturist, farmer; —еде́лие, agriculture
змея́, snake
знак, sign
знамени́тый, famous, celebrated
зна́ние, knowledge
знач/е́ние, significance, importance;
  —и́тельно, significantly, considerably
знач/ить, II (3rd person only) to
  mean, to signify
зола́, ashes
зо́лото, gold

иера́рхия, hierarchy
и́го, yoke
игра́/ть, I; сыгра́/ть, I to play (*prf.
only with a direct object, as a role,
a game, or a musical composition*)
изве́стный, well known, famous
изде́лие, article, artifact
из-за, because of
измен/а, betrayal, treason; —не́ние,
change
изменя́/ть, I; измени́ть, II (измен/ю́,
изме́н/ишь, —ят) to change, to
modify, to betray, to commit
treason (*trans.*)
изменя́/ться, I; измени́ться, II to
change (*intr.*)
изобрета́/ть, I; изобрести́, I (изоб-
рет/у́, —ёшь, —у́т) to invent
иму́щество, property
иностра́нный, foreign
иска́ть, I, (ищу́, и́щ/ешь, —ут) to
look for, to seek
иску́с/ный, skillful; —ство, art
исполня́ть, I; испо́лн/ить, II to fulfill, to carry out
испо́льзуя (*pres. part.*), using
и́стинный, true
исто́чник, source
истоща́/ться, I; истощ/и́ться, II to
be exhausted
исчеза́/ть, I; исче́зн/уть, I to vanish,
to disappear

ка́ждый, each, every
как . . . , та́к и . . . , just as . . . , so . . . ;
. . . , as well as . . .
как то́лько, as soon as
како́й бы то ни́ было, any at all, of
any kind, whatsoever
ка́мень (*m.*), stone
ка́чество, quality
кирпи́чный, brick (*adj.*)
кла́ня/ться, I; поклони́ться, II (по-
клоню́сь, покло́н/ишься, —ятся) to
bow
класть, I (клад/у́, —ёшь, —у́т); по-
ложи́ть, II (положу́, поло́ж/ишь,
—ат) to put, to place

княги́ня, princess (wife of a prince)
княж/е́ние, rule, reign (of a prince);
—ество, principality
князь (*m.*), prince
ко́локол, bell
коне́ц, end; в конце́ концо́в, finally,
at long last
конча́/ться, I; ко́нч/иться, II to end,
to finish (*intr.*)
ко́н/ь (*m.*), horse (*mostly poetic or
military*); —ница, cavalry; —ный,
mounted, cavalry (*adj.*)
кора́бль (*m.*), ship
коро́л/ь (*m.*), king; —е́ва, queen;
—е́вский, royal; —е́вство, kingdom
коро́ткий, short, brief
кость (*f.*), bone
кочева́ть, I (кочу́/ю, —ешь, —ют),
to wander, to rove
коче́вник, nomade
красота́, beauty
кре́пкий, strong, sturdy
кре́пн/уть, I; окре́пнуть, I to gain
strength
крепостно́й (*adj. used as a noun*),
serf
крест, cross; —о́вый похо́д, crusade
крести́ть, II (крещу́, кре́ст/ишь,
—ят) *imp. and prf.*, to christen, to
baptize (*trans.*)
крести́ться, II to be christened, to be
baptized (*intr.*)
креще́ние, baptism, christening
крова́вый, bloody
кро́ме + *gen.*, besides, except, in
addition
кру́пный, important, big, large
купе́ц, merchant
куса́/ть, I; укуси́ть, II (укушу́, уку́-
с/ишь, —ят) to bite

лати́нский, Latin (*adj.*)
лёд, ice
лён, flax
лес, forest, woods; —но́й, forest (*adj.*)
ли́чный, personal, private
лови́ть, II (ловлю́, ло́в/ишь, —ят) to
catch

ло́вкий, artful, dexterous
ло́шадь (f.), horse
лу́чший, better, best
люби́тель (m.), lover, amateur
любо́й, any

мёд, honey
ме́нее, less
ме́ньше, less; ме́ньше всего́, least of
  all
меньшинство́, minority
меня́/ть, I; измени́ть, II (изменю́,
  измён/ишь, —ят); перемени́ть, II
  to change (trans.)
меня́/ться, I; измени́ться, переме-
  ни́ться, II to change (intr.)
ме́ст/о, place, job, seat; —ный, local
мех, fur (pl. меха́)
мечта́/ть, I; помечта́ть, I to dream
мир, peace, world; —ный, peaceful;
  —ово́й, world (adj.)
ми́сси/я, mission; —оне́р, missionary
митрополи́т, metropolitan
мно́гое (adj. used as a noun), many
  things, many a thing, much; во
  мно́гом, in many ways, in many
  respects
могу́щественный, powerful
моза́ика, mosaic
моли́ться, II (молю́сь, мо́л/ишься,
  —ятся); помоли́ться, II to pray
мона́х, monk
морепла́ватель (m.), seafarer
морско́й, maritime, naval, sea (adj.)
мстить, II (мщу, мсти́шь, —ят); отом-
  сти́ть, II to avenge, to take vengeance
му́дрый, wise
мусульма́нский, Moslem, Mussulman
  (adj.)

набе́г, raid, foray
навстре́чу (adv. + dat.), to meet
нае́здник, horseman
назнача́/ть, I; назна́ч/ить, II to ap-
  point, to name
называ́/ть, I; назва́ть, I (назов/у́,
  —ёшь, —у́т) to call, to name

называ́ться, I; назва́ться, I to be
  called
наказа́ние, punishment
наконе́ц, finally, at last
наме́рение, intention
наноси́ть, II (наношу́, нано́с/ишь,
  —ят); нанес/ти́, I to deal (a blow)
напада́ть, I; напа́сть (as впада́ть) to
  fall upon, to attack
нападе́ние, attack
напи́ток, drink, beverage
напомина́ть I; напо́мнить, II (as вспо-
  мина́ть) to remind
направля́/ться, I; напра́виться, II (на-
  пра́в/люсь, —ишься, —ятся) to head
  for, to make one's way
направле́ние, direction
наприме́р, for example, for instance
наро́д, people, nation; —ность (f.),
  nationality; —ный, people's, popular, national, folk (adj.)
наряду́ с + instr., along with, together with
населе́ние, population
наси́льственно, by force
насле́дни/к (m.), heir; —ца, heiress
насто́лько. . . , что, so much. . . , that
настоя́щ/ий, real, true, genuine; —ее
  вре́мя, the present (time)
наступле́ние, offensive
ната́лкива/ться, I; натолкн/у́ться, II
  to run against, to come across
находи́ться, II (нахожу́сь, нахо́д-/
  ишься, —ятся) to be situated, to
  be located
нача́л/о, beginning; —ьный, primary,
  initial; —ьство, command, authority; под нача́льством, under the
  orders
наше́ствие, invasion
неве́ста, fiancée, bride to be
недалеко́ от + gen., not far from
недове́рие, distrust, mistrust
недоста́точно, insufficient (ly)
незави́сим/ость, (f.), independence;
  —ый, independent

незначи́тельный, of no consequence, insignificant

не́которые, some, certain

нельзя́, one may not

неме́дленно, immediately, instantly

неме́цкий, German (*adj.*)

необыкнове́нный, unusual, extraordinary

неограни́ченный, absolute, unlimited

неожи́данный, unexpected

неплодоро́дный, barren, infertile

непроходи́мый, impassable

не́сколько, several, somewhat

неслы́ханный, unheard of

несмотря́ на + *acc.*, despite

неуда́ч/а, failure; —ный, unsuccessful, unlucky

неудо́бный, unsuitable, inconvenient

нра́виться, II (нра́влюсь, нра́в/ишься, —ятся); понра́виться, II to be liked, to please

нра́в/ы, morals, mores; —ственный, moral (*adj.*)

об});ильный, plentiful

обита́тель, (*m.*), inhabitant

о́бласть (*f.*), area, region

обма́ныва/ть, I; обману́ть, I (обману́, обма́н/ешь, —ут) to deceive, to cheat

обме́н, exchange

обноси́ть, II; обнести́, I (*as* наноси́ть) to surround (with a fence or a wall)

обновля́/ть, I; обнови́ть, II (обнов/-лю́, —и́шь, —я́т) to renew, to revive

обогаща́/ть, I; обогати́ть, II; (обогащу́, обогат/и́шь, —я́т) to enrich

обосно́выва/ться, I; обоснова́ться, I (обосну/ю́сь, —ёшься, —ю́тся) to settle down

обраба́тыва/ть, I; обрабо́та/ть, I to cultivate

о́браз, image, form; о́браз жи́зни, way of life

образова́н/ие, formation, education; —ный, educated

образова́ть (*imp. and prf.*), I (образу́/ю, —ешь, —ют) to form

образова́ться, I to be formed

обрати́ться, *see* обраща́ться

обра́тно, back

обраща́/ть, I; обрати́ть, II (обращу́, обрат/и́шь, —я́т); *with* в + *acc.*, to convert to (*trans.*)

обраща́т/ься, I; обрати́/ться, II to be converted, to be changed; *with* к + *dat.*, to turn to someone (as for help); о. в бе́гство, to turn to flight

обстоя́тельство, circumstance

обсужда́/ть, I; обсуди́ть, II (обсужу́, обсу́д/ишь, —ят) to discuss

обходи́ть, II; обойти́, I; (*as* доходи́ть) to go around, to circle

о́бщ/ий, common; —ество, society; —ина, community, commune

обще́ственный, social

объединя́/ть, I; объедин/и́ть, II; to unite, to unify

объединённый, united, unified

объя́вленный, declared, announced

обыкнове́нно, ordinarily, customarily

обы́ч/ай, custom; —ный, customary

огро́мный, enormous, huge

оде́ржива/ть, I; одержа́ть, II (одержу́, оде́рж/ишь, —ат); о. побе́ду, to win a victory

одна́жды, once

одна́ко, however

одновреме́нно, simultaneously

о́зеро, lake

означа́/ть, I to signify

ока́зыва/ть, I; оказа́ть, I (окажу́, ока́ж/ешь, —ут); о. по́мощь, to give help; о. сопротивле́ние, to offer resistance; о. услу́гу, to render a service

ока́зываться, I; оказа́ться, I to turn out, to prove to be

о́коло, about, near

оконча́тельно, finally, definitely

окре́пнуть, *see* кре́пнуть

окружа́/ть, I; окруж/и́ть, II to surround, to encircle

окруж/а́ющий, surrounding; —ённый, surrounded, encircled

опа́сность (f), danger

описа́ние, description

опи́сыва/ть, I; описа́ть, I (опишу́, опи́ш/ешь, —ут) to describe

оправля́/ться, I; опра́виться, II (опра́в/люсь, —ишься, —ятся) to recover (*intr.*)

определённый, definite

опустоше́ние, devastation

орда́, horde

о́рден, order

ору́жие, arms, weapons

оса́да, siege

освобожда́/ть, I; освободи́ть, II (освобо/жу́, освобод/и́шь, —я́т) to free, to liberate

освобожде́ние, liberation

осно́ванный на + *prep. case*, based on

основа́тель, founder

осно́выва/ть, I; основа́ть, I (осну/ю́, —ёшь, —ю́т) to found

основно́й, fundamental

ослабле́ние, weakening

осо́б/ый, special; —енно, especially, particularly

остава́ться, I (оста/ю́сь, —ёшься, —ю́тся); оста́ться, I (оста́н/усь, —ешься, —утся) to remain, to stay

остана́влива/ть, I; останови́ть, II (остановлю́, остано́в/ишь, —ят) to stop (*trans.*)

осужде́ние, condemnation, censure

отдава́ть, I (отда/ю́, —ёшь, —ю́т); отда́ть (от/да́м, —да́шь, —да́ст, —дади́м, —дади́те, —даду́т) to give away, to give back, to return

отдалённый, distant, remote

отде́льный, separate

отделя́/ть, I; отдели́ть, II (отделю́, отде́л/ишь, —ят) to separate (*trans.*)

отка́зываться, I; отказа́ться, I (*as* ока́зывать) to refuse, to renounce, to decline

отлича́/ться I, to differ, to be different

относи́ть, II; отнести́, I (*as* вноси́ть) *with* к + *dat.*, to attribute to

отноше́ни/е к + *dat.*, attitude towards; отноше́ние (*pl.*), relations

отомсти́ть, *see* мстить

отпа́вший, (one who) seceded

отпо́р, repulse, resistance

отправля́/ть, I; отпра́вить, II (отпра́вить, II (отпра́в/лю, —ишь, —ят) to send

отправля́/ться, I; отпра́виться, II to set out, to start on a journey

отража́/ть, I; отрази́ть, II (отраж/у́, отраз/и́шь, —я́т) to repulse, to reflect

отража́ться, I; отрази́ться, II to be reflected

отре́занный, cut off

отря́д, detachment

отча́сти, partly, to some extent

охо́титься, II (охо́ч/усь, охо́т/ишься, —ятся) to hunt

охо́тник, hunter

охо́тно, readily, willingly

охра́на, guard

охраня́/ть, I; охран/и́ть, II; to guard

паде́ние, fall

па́мятник, monument

парохо́д, steamship

паха́ть, I (пашу́, па́ш/ешь, —ут); вспахать, I to plough

пе́пел, ashes

пе́рвый, first, former

переби́ть, I (перебь/ю́, —ёшь, —ю́т) *prf. only*, to massacre, to slaughter

перево́д, translation, —чик, translator

перевози́ть, II; перевезти́, I (*as* ввози́ть) to transport, to move something передава́ть, I; переда́ть (as отдава́ть) to pass on, to transmit, to render

переда́ча, transmission, rendition

передвига́/ться, I to travel, to move from place to place

перейти́, see переходи́ть

перемеще́ние, change of place, shift

переноси́ть, II; перенести́, I (as вноси́ть) to carry, to transport to another place

переры́в, pause, break, interruption

переставать, I (переста/ю, —ёшь, —ю́т); переста́ть, I (перестан/у, —ешь, —ут) to stop, to cease (intr.)

перестро́йка, rebuilding

переходи́ть, II; перейти́, I (as доходи́ть) to go, to move over, to pass on, to pass into

пи́сьменн/ость (f.), writing (s), literature in the broadest sense; —ый, written, (adj.)

плащ, cloak

пле́мя, n. (pl. племена́), tribe

племя́нни/к, nephew; —ца, niece

пле́нный, prisoner (of war), captive

плод, fruit; —оро́дный, fruitbearing, fertile

плоти́на, dam

пло́тный, dense, compact

побе́да, victory

побежда́/ть, I; побед/и́ть, II (no 1st person sing.) to vanquish, to be victorious

побере́жье, shore

пове́рить, see ве́рить

повиди́мому, apparently, evidently

повинове́ние, obedience; держа́ть в повинове́нии, to hold in obedience

повора́чива/ть, I; поверн/у́ть, I to make a turn

поворо́т, turn; —ный пункт, turning point

повторя́/ть, I; повтор/и́ть, II to repeat

пограни́чный, frontier, border (adj.)

подавля́/ть, I; подави́ть, II (подавлю́, пода́в/ишь, —ят) to suppress, to repress, to put down, to crush

пода́вленный, put down, crushed

пове́рить, see ве́рить

подверга́/ться, I; подве́ргн/уться, I to be exposed to, to undergo, to submit to (intr.)

подде́рживать, I; поддержа́ть, II (поддержу́, подде́рж/ишь, —ат) to support

подде́ржка, support

подзе́мный, underground

по́дкуп, bribery

подпи́санный, signed

по́дпись (f.), signature

подро́бно, in detail

подчиня́/ть, I; подчин/и́ть, II to subdue

позва́ть, see звать

по́здний, late (adj.)

покоре́ние, conquest, subjugation

покоря́/ть, I; покор/и́ть, II to force into submission

по кра́йней ме́ре, at (the very) least

покрыва́/ь, I; покры́ть, I (покро́/ю, —ешь, —ю́т) to cover

поку́пка, purchase

по́лный, full, complete

положе́ние, situation, position

положи́ть, see класть

полуо́стров, peninsula

по́льзоваться, I (по́льзу/юсь, —ешься, —ются); воспо́льзоваться, I to use, to make use of, to take advantage of, to profit from

по́льзуясь (pres. part.), making use, taking advantage, profiting

по́люс, pole

помога́/ть, I; помо́чь, I (помогу́, помо́жешь, помо́гут) + dat., to help

по́мощь (f.), help, aid; при по́мощи, with the help of, by means of

понемно́гу, little by little

поня́тный, understandable, intelligible

попыта́ться, see пыта́ться

попы́тка, attempt

пораже́ние, defeat

поро́ги, rapids
поря́док, order
поселе́ние, settlement
посеща́/ть, I; посети́ть, II (посещу́,
посет/и́шь, —я́т) to visit
по́сланный, sent
посыла́/ть, I; посла́ть, I (пошл/ю́,
—ёшь, —ю́т) to send
после́дний, last, latter
послужи́ть, see служи́ть
посо́л, envoy, ambassador
поссо́риться, see ссо́риться
постепе́нно, gradually
постро́ен/ый, built
потерпе́ть, see терпе́ть
поте́рян/ный, lost
потеря́ть, see теря́ть
пото́мок, descendant, offspring
потре́бовать, see тре́бовать
похо́д, campaign
похо́ж/ий, resembling, similar
по́чва, soil, ground
почти́, almost, nearly
по́шлина, customs duty
поэ́тому, therefore
появле́ние, appearance
появля́/ться, I; появи́ться, II (по-
явлю́сь, поя́в/ишься, —ятся) to appear, to make an appearance
пра́в/да, truth; —о, right, law;
—осла́вный, orthodox
прави́тел/ь (m.), ruler; —ство, government
пра́вить, II (пра́в/лю, —ишь, —ят) to
rule
правле́ние, rule, reign
пра́внук, great-grandson
превраща́ть, I; преврати́ть, II (as
обраща́ть) to transform, to turn
into (trans.)
преда́ние, legend, (oral) tradition
преде́л, limit, boundary
предлага́/ть, I; предложи́ть, II (пред-
ложу́, предло́ж/ишь, —ат) to offer,
to propose, to suggest
предложе́ние, offer, proposal, pro-
position; sentence (in grammar)

предме́т, thing, item, object, topic,
subject matter
пре́док, ancestor
предоставля́/ть, I; предоста́вить, II
(предоста́в/лю, —ишь, —ят) to
make available, to put at someone's disposal, to leave to someone
предпринима́/ть, I; предприня́ть, I
(предприму́, предпри́м/ешь, —ут)
to undertake
предсказа́ние, prediction, prophecy
представ/и́тель (m.), representative;
—ле́ние, representation, mental
image, notion, presentation, pro-
duction (of a show)
предупрежда́/ть, I; предупреди́ть, II
(предупрежу́, предупред/и́шь,
—я́т) to warn
прее́мственность (f.), inheritance,
continuity
пре́жде, before, formerly; п. всего́,
first of all
прекра́сный, beautiful, fine, excellent
прекраща́/ться, I; прекрати́ться, II
(прекращу́сь, прекрат/и́шься,
—я́тся) to cease, to discontinue, to
end
прекраще́ние, cessation, end
пресле́дование, persecution, pursuit
пресле́довать, I (пресле́ду/ю, —ешь,
—ют) to persecute, to pursue
приблизи́тельно, approximately
привлека́ть, I; привле́чь II (as вовле-
ка́ть) to attract
приводи́ть, II (привожу́, приво́д-/
ишь, —ят); привести́, I (при-
вед/у́, —ёшь, —у́т); with к + dat.,
to lead up to something, to bring
something about
привози́ть, II; привезти́, I (as вво-
зи́ть) to bring, to import
приглаша́/ть, I; пригласи́ть, II (при-
глашу́, приглас/и́шь, —я́т) to invite
приглаше́ние, invitation
при́город, suburb

приду́мыва/ть, I; приду́ма/ть, I to invent

признава́ть, I (призна/ю́, —ёшь, —ю́т); призна́/ть, I to recognize

призна́ние, recognition

при́знан/ный, recognized

призыва́ть, I; призва́ть, I (as называ́ть); + acc., to call, to invite, to appeal to; with к + dat., to appeal for

принадлеж/а́ть, II; + dat., to belong to, to be owned by; with к + dat., to be a part of, to be a member of

принима́/ть, I; приня́ть, I (приму́, при́м/ешь, —ут) to accept, to receive, to adopt; п. уча́стие, to take part; п. христиа́нство, to adopt Christianity

приобрета́ть, I; приобрести́, I (as изобрета́ть) to acquire

приобрете́ние, acquisition

присыла́ть, I; присла́ть, I (as посыла́ть) to send

присоедине́ние, annexation

присоединя́/ться, I; присоедин/и́ться, II to join

прису́тствие, presence

прито́к, tributary

приходи́ть, II (прихожу́, прихо́д/ишь, —ят); прийти́, I to come; п. в упа́док, to decline, to fall into decay

приходи́ться, прийти́сь; (3d person singular only) прихо́дится, придётся, and past tense, приходи́лось, пришло́сь to be forced, to be compelled (the word which is the subject in the equivalent English phrase takes the dat. in Russian); мне пришло́сь, I had to

причи́на, cause, reason

прогоня́/ть, I; прогна́ть, II (прогоню́, прого́н/ишь, —ят) to chase away, to drive off

прода́жа, sale

продолжа́/ться, I; продо́лж/иться, II to continue (intr.)

произведе́ние, work (of art or literature)

производи́ть, II; произвести́, I (as приводи́ть) to produce, to cause, to perform

происходи́ть, II; произойти́, I (as доходи́ть) to come from, to stem from, to occur, to take place

проника́/ть, I; прони́кн/уть, I to penetrate

проли́в, strait, sound

проси́ть, II (прош/у́, про́с/ишь, —ят); попроси́ть, II to ask, to request

про́сто, simply

проста́ива/ть, I; просто/я́ть, II to stand, to spend a certain time standing

просуществова́ть, see существова́ть

про́сьба, request

про́тив, against

про́чно, firmly, solidly

про́шлое (adj. used as a noun), the past

прямо́й, straight, direct

пуска́/ть, I; пусти́ть, II (пущу́, пу́ст/ишь, —ят) to let (go), to release

путь (m.), way, path

путеше́ств/ие, travel, journey; —енник, traveler

пчела́, bee

пыта́/ться, I; попыта́ться, I to attempt

пятиле́тний, five-year (adj.)

раб, slave

равни́на, plain

ра́вный, equal

разбива́/ть, I; разби́ть, I (разобь/ю́, —ёшь, —ю́т) to smash, to defeat

разва́лина, ruin

развива́/ться, I; разви́ться, I (разовь/ю́сь, —ёшься, —ю́тся) to develop

развито́й, developed

разделя́/ться, I; раздели́ться, II (as отделя́ть) to divide, to separate (intr.)

разли́чные, various

ра́зный. different
разме́р, size, rate
разоря́/ть, I; разор/и́ть, II to ruin,
  to lay waste
разреша́/ть, I; разреш/и́ть, II to
  permit
разруша́/ть, I; разру́ш/ить, II to destroy
ра́но, early
ра́ньше, earlier, before, formerly
распа́д, disintegration
распада́ться, I; распа́сться, I (as
  впада́ть) to disintegrate
распоряже́ние, order, command, in-
  struction
распростран/е́ние, spreading, pro-
  ɡ.agation; —ённый, widespread,
  common
распространя́/ть, I; распростран/и́ть,
  II to spread, to propagate
расселя́/ться, I; рассел/и́ться, II to
  settle, to spread over a territory
раст/и́, I (past, рос, —ла́, —ло́, —ли́);
  вы́расти, I to grow
расти́тельность (f.), growth, vegetation
расцве́т, flourishing, bloom; в рас-
  цве́те, at the peak, in the prime
ребёнок, child
ре́дкий, rare, sparse
ре́же, rarer
ре́зкий, sharp
реша́/ть, I; реш/и́ть, II to decide
рису́нок, drawing, design
род, genus, kin, kindred, clan, kind,
  own, closely related; —но́й, native,
  —ово́й, clan (adj.), tribal
ро́дствен/ник, kinsman, relative;
  —ный, kindred (adj.), akin, related
рожь (f.), rye
роль (f.), role
ры́ба, fish
ры́царь, knight

самостоя́тельный, independant
сбыва́/ться, I; сбы́ться (as бу́ду) to
  come true, materialize

све́дение, information
свобо́д/а, freedom, liberty; —ный,
  free
связь (f.), connection, tie; в связи́
  с + in connection with
свя́зан/ный, connected, tied
свято́й, saint, holy
свяще́нник, priest
се́вер, north —ный, north (adj.),
  northern
село́, large village
сем/ья́, family; —е́йный, family
  (adj.)
серебро́ silver
середи́на, middle
сжига́/ть, I; сжечь, I (сожгу́, сож-
  жёшь, сожгу́т) to burn, to destroy
  by fire
си́л/а, force, strength; —ьный, strong
си́мвол, symbol
скла́дыват/ься, I; сложи́ться, II (сло-
  жу́сь, сло́ж/ишься, —атся) to be
  formed, to take shape
скоре́е . . . , чем . . . , sooner . . . ,
  than . . . ; rather . . . , than . . .
скотово́д, cattle breeder
след/ствие, consequence; —ователь-
  но, consequently; —ующий, following, next
слива́/ться, I; сли́ться, I (соль/ю́сь,
  —ёшься, —ются) to merge
сло́жн/ый, complicated
слуга́, (m.), servant
слу́жба, service
служи́ть, II (служу́, слу́ж/ишь, —ат);
  послужи́ть, II to serve
слу́чай, occurrence, instance, chance;
  во вся́ком слу́чае, in any case,
  in any event
смерть (f.), death
сме́шива/ться, I; смеша́/ться, I to
  intermix, to merge
снача́ла, at first
сно́ва, anew, once more
собира́ние, gathering, collecting
собира́/ть, I; собра́ть, II (собер/у́,
  —ёшь, —у́т) to gather, to collect
  (trans.)

собира/ться, I; собра́ться, I to come together, to gather (*intr.*)

собо́р, cathedral

собра́ние, meeting, gathering

со́бственность (*f.*), property

собы́тие, event

соверша́/ть, I; соверш/и́ть, II to accomplish, to perform

сове́т, council, soviet, advice; —ник, councilor

совреме́нный, contemporary

соглаша́/ться, I; согласи́ться, II (соглашу́сь, соглас/и́шься, —я́тся) to agree

согла́сно + *dat.*, according to

соглаше́ние, agreement

содержа́ние, contents

сожи́тельство, coexistence

создава́ть, I; созда́ть (*as* отдава́ть) to create

создава́ться, I; созда́ться to be created, to come into existence

созда́тель (*m.*), creator

солёный, salt (*adj.*), salty

сообща́/ть, I; собщ/и́ть, II to communicate, to make known, to announce

соотноше́ние, correlation

сопе́рн/ик, —ица (*f.*), rival

сопротивле́ние, resistance

сопротивля́/ться, I to resist

сосе́д, (*pl.* сосе́ди), neighbor; —ний, neighboring; —ство, vicinity, neighborhood

сосредота́чива/ться, I; сосредото́ч/иться, II to concentrate

соста́в, composition (of a body or a substance)

составля́/ть, I; соста́вить, II (соста́в/лю, —ишь, —ят) to compose, to compile, to put together

соста́влен/ный, put together, compiled (*adj.*)

состо/я́ть, I to consist

соха́, plough

сохраня́ть, I; сохрани́ть, II (*as* охраня́ть) to preserve

сохраня́ться, I, сохрани́ться, II to be preserved, to remain intact

сочета́ть, I, to combine; с. в себе́, to combine in oneself

сою́з, alliance, union; —ник, ally; —ный, allied

спеш/и́ть, II; поспеши́ть, II to hurry, to hasten

спи́сок, list

спор, argument, dispute

спо́соб, means

спосо́бный, able, capable

спосо́бствовать, I (спосо́бству/ю, —ешь, —ют); поспосо́бствовать, I; + *dat.*, to assist, to contribute

спря́тан/ный, hidden, concealed

сраже́ние, battle

сра́зу, at once

сре́дний, middle (*adj.*)

сре́дство, means, remedy; (*pl.*, сре́дства, pecuniary means)

ссо́р/иться, II; поссо́риться, II to quarrel

ста́вить, II (ста́в/лю, —ишь, —ят); поста́вить, II to put, to place

становиться, II (становлю́сь, стано́в/ишься, —я́ться); стать, I (ста́н/у, —ешь, —ут) to stop, to come to a standstill, to place oneself standing somewhere. *In an auxiliary function,* с. *denotes* beginning an activity, getting, *or* becoming: *with a noun or adj. in the instr.,* с. *means* to get, to become, to grow; *in the prf. only, followed by an infinitive,* с. *means* to begin, to start an action.

стара́/ться, I; постара́ться, I to endeavor

степ/ь (*f.*), steppe; —но́й, steppe (*adj.*)

стесня́/ться, I to be embarrassed

стихотворе́ние, poem

столи́ца, capital (city)

сторона́, side; со всех сторо́н, from all sides, on all sides

страна́, country

страх, fear

страшный, fearful, terrifying

стреми́ться, I (стрем/лю́сь, —йшься, —я́тся) *with* к + *dat.*, to strive for

стро́гий, severe, strict

стро́/ить *imp.*, II; постро́ить *prf.*, II; вы́строить *prf.*, II to build

строй, system, regime, order

строи́тель (*m.*), builder

сфе́ра, sphere

судьба́, fate, destiny

су́дя по + *dat.*, judging by

суме́ть, *see* уме́ть

суро́вый, stern, severe

существова́ние, existence

существова́ть, I (существу́/ю, —ешь, —ют); просуществова́ть, I to exist

счита́/ть *imp.*, I; посчита́ть *prf.*, I; сосчита́ть *prf.*, I to count; (*imp. only*) to consider, to deem

сыгра́ть, *see* игра́ть

так как, since, inasmuch as

так называ́емый, so called

те́ма, theme

тем не ме́нее, nevertheless, nonetheless

тепе́решный, present (*adj.*)

тёплый, warm

терпе́ть, II (терплю́, те́рп/ишь, —ят); потерпе́ть, II to endure, to suffer

теря́/ть, I; потеря́ть, I to lose

тече́ние, current, course; в тече́ние in the course of

течь *imp.*, I (теку́, течёшь, теку́т); поте́чь *prf.*, I; протечь *prf.*, I to flow, to run

ткань (*f.*), fabric, tissue

това́р, goods, commodity

тогда́шний, of that time, the then

то есть (т. е.), that is (i.e.)

торго́вый, trade (*adj.*), commercial

торже́ственный, solemn

тот и́ли ино́й, one or the other, this or that

то́чн/о, exactly; —ый, exact

тре́бовать, I (тре́бу/ю, —ешь, —ют); потре́бовать, I to demand, to request

треть (*f.*), a third

труба́, pipe

уби́т/ый, killed

увеличе́ние, increase, extension, enlargement

увели́чива/ться, I; увели́ч/иться, II to increase, to extend (*intr.*)

угро́за, threat, menace

уда́р, blow

уда́чный, successful

уде́ржива/ть, I; удержа́ть, II (удержу́, уде́рж/ишь, —ат) to hold back, to withhold

удо́бный, convenient, suitable

удобре́ние, fertilizer

у́зкий, narrow

укреплён/ный, fortified

укрепля́/ть, I; укрепи́ть, II (укрепл/ю́, —йшь, —я́т) to strengthen, to fortify

уку́с, bite; укуси́ть, *see* куса́ть

уме́/ть, I; суме́ть, I to be able, to know how

у́мный, intelligent

уменьша́/ть, I; уменьш/и́ть, II to reduce, to lessen

умира́/ть, I; умере́ть, I (умр/у́ —ёшь, —у́т) to die

унасле́дован/ный, inherited

уничтожа́/ть, I; уничто́ж/ить, II to annihilate, to destroy

упа́док, decline, decay

упомина́/ть, I; упомяну́ть, I (упомяну́, упомя́н/ешь, —ут) to mention

управля́/ть, I to direct, to govern

упроща́/ть, I; упрости́ть, II (упрощу́, упрост/и́шь, —я́т) to simplify

у́ровень (*m.*), level

урожа́й, harvest, yield (of crops)

ускоря́/ть, I; уско́р/ить, II to accelerate

уси́лива/ться, I; уси́л/иться, II to grow stronger, to gain in strength

усло́вие, condition

успéх, success
устанáвливать, I; установи́ть, II (as
  останáвливать) to establish
установлéние, establishment
устрóен/ный, arranged, organized
ýстье, mouth, estuary
утверждá/ть, I; утверд/и́ть, II (no
  1st person sing.) to ratify, to sanc-
  tion; (imp. only) to assert, to
  maintain
утверждá/ться, I; утверди́/ться, II
  to be consolidated
учáстие, participation
учáсток, plot, strip (of land)
учёность (f.), scholarship; — ый,
  scholar; —йк, disciple

хи́трость (f.), ruse, cunning
хлóпок, cotton
хозя́ин, master, owner, host
холм, hill
хрáбрый, brave, valiant
хран/и́ться, II; сохрани́ться, II to be
  kept, to be preserved
христиани́н (pl. христиáне),
  Christian (s)
христиáнство, Christianity
худóжник, artist

цáрство, Tsardom, empire, kingdom
целикóм, entirely, in (its) entirety
цель (f.), goal, aim
цéрковь (f.), church
церковнославя́нский, Church-Slavonic

чай, tea
част/ь (f.), part; —ный, particular,
  private; —ью, in part
чéреп, skull
чéтверть (f.), one quarter
числó, number; в том числé, among
  (them), in (their) number
чинóвник, government servant
чи́сто, purely
член, member
чрезвычáйно, exceptionally, exteme-
  ly
чýвствовать, I (чýвству/ю, —ешь,
  —ют) to feel
чýвствоваться, I; почýвствоваться,
  I to be felt

шáпка, hat, cap
шлюз, lock

экспорти́ровать, I (экспорти́ру/ю,
  —ешь, —ют) imp. and prf., to
  export

юг, south
ю́жный, south (adj.), southern

явля́/ться, I; яв/и́ться, II (явлю́сь,
  я́в/ишься, —ятся) to appear, to
  become apparent; with instr., to
  be (something or someone)
язы́ч/ник, heathen, pagan; —еский
  pagan, heathen (adj.)

GEOGRAPHICAL NAMES AND NATIONALITIES

Адриа́тика, Адриати́ческое мо́ре, Adriatic

Азербайджа́н (Азербайджа́нская ССР), Azerbaidjan

Азия, азиа́тский, Asia,

Азо́вское мо́ре, Sea of Azov

Аля́ска, Alaska

ара́б, —ский, Arab

Арктика, аркти́ческий, Arctic

Арме́ния (Армя́нская ССР), армяни́н, армя́нский, Armenia

Афганиста́н, —ец, —ский, Afghanistan

Балка́ны, Балка́нский полуо́стров, Balkans

Ба́лтика, Балти́йское мо́ре, Baltic

Бе́лое мо́ре, Беломо́рский, White Sea

Белору́ссия (Белору́сская ССР), белору́с, белору́сский, Byelorussia

Бе́рингов проли́в, Bering Strait

Богемия, богемский, Bohemia

Болга́рия, болга́рин, болга́рский, Bulgaria

Будапе́шт, Budapest

варя́г, варя́жский, Varangian

Ве́нгрия, венге́рец, венге́рский, Hungary

Вене́ция, венециа́нец, венециа́нский, Venice

Византи́я, византи́ец, византи́йский, Byzantium

Ви́льно (Ви́льнюс), Vilna (capital of Lithuania)

Ви́сла, Vistula (river)

Во́лга, Volga

Восто́чная Пру́ссия, East Prussia

Гали́ция, Galicia; Га́лицко-Волы́нское кня́жество

Га́мбург, Hamburg

Ге́нуя, генуэ́зец, генуэ́зский, Genoa

Герма́ния, герма́нец, герма́нский, Germany

Гре́ция, грек, гре́ческий, Greece

Гру́зия (Грузи́нская ССР), грузи́н, грузи́нский Georgia

Двина́, Dvina; За́падная Д., Western D.; Се́верная Д., Northern D.

Днепр, днепро́вский, Dnepr

Дон, донско́й, Don

Дуна́й, дуна́йский, Danube

Евро́па, европе́ец, европе́йский, Europe

Золота́я Орда́, Golden Horde

Индия, инди́ец, инди́йский, India

инду́с, —ский, Hindu

Ира́н, ира́нец, ира́нский, Iran

Испа́ния, испа́нец, испа́нский, Spain

Ита́лия, италья́нец, италья́нский, Italy

Кавка́з, кавка́зец, кавка́зский, Caucasus

Казахста́н (Каза́хская ССР), каза́х, каза́хский, Kazakhstan

Карпа́ты, Карпа́тские го́ры, Carpathian Mountains

Каспи́йское мо́ре, Caspian Sea

Ки́ев, киевля́нин, ки́евский, Kiev

Кита́й, кита́ец, китая́нка, кита́йцы; кита́йский, China

Константино́поль, Constantinople

Кра́ков, Cracow

Крым, кры́мский, Crimea

Ла́твия (Латви́йская ССР), латы́ш, латви́йский, латы́шский, Latvia, Lett, Latvian, Lettish

Ленингра́д, ленингра́дец, ленингра́дский, Leningrad

Литва́ (Лито́вская ССР), лито́вец, лито́вский, Lithuania

Македо́ния, македо́нец, македо́нский, Macedonia
Монго́лия, монго́л, монго́льский, Mongolia
Мора́вия, Moravia
Москва́, москви́ч, моско́вский, Moscow

Нева́, не́вский, Neva
Не́ман, Niemen
не́мец, неме́цкий, German
Но́вгород, новгоро́дец, новгоро́дский, Novgorod
Норве́гия, норве́жец, норве́жский, Norway
Норма́ндия, норма́ндский, Normandy
Норма́нн, Norseman

Ока́, Oka

Палести́на, Palestine
Пе́рсия, пе́рс, перси́дский, Persian
печене́г, печене́жский, Pecheneg
по́ловец, полове́цкий, Polovtsian
По́льша, поля́к, по́льский, Poland
Португа́лия, португа́лец, португа́льский, Portugal
Пра́га, пра́жскнй, Prague
Приба́лтика, Baltic region
Псков, псковско́й, Pskov

Ри́га, рижа́нин, ри́жский, Riga
Рим, ри́млянин, ри́мский, Rome
Росто́в, росто́вский, Rostov
Румы́ния, румы́н, румы́нский, Rumania
Русь, Russia (old name)
Ряза́нь, ряза́нский, Ryazan

Самарка́нд, Samarkand
Сара́й, Сара́й-Бату́, Sarai, Sarai-Batu
Се́верный по́люс, North Pole
Се́рбия, серб, се́рбский, Serbia
Сиби́рь, сибиря́к, сиби́рский, Siberia

Скандина́вия, скандина́в, скандина́вский, Scandinavia
славяни́н, славя́нский, Slav
Смоле́нск, Smolensk
Средизе́мное мо́ре, средиземномо́рско́й, Mediterranean Sea
СССР (Сою́з Сове́тских Социали́стических Респу́блик), USSR (Union of Soviet Socialist Republics)
Су́здаль, су́здальский, Suzdalia

тата́рин, тата́рский, Tatar
Ташке́нт, Tashkent
Тверь, тверско́й, Tver
Ти́хий океа́н, тихоокеа́нский, Pacific Ocean
Ту́рция, ту́рок, туре́цкий, Turkey

Узбекиста́н (Узбе́кская ССР), узбе́к, узбе́кский, Uzbekistan
Украи́на (Украи́нская ССР), украи́нец, украи́нский, Ukraine
Ура́л, Ура́льские го́ры, Urals, Ural Mountains

Финля́ндия, финля́ндский, Finland
финн, фи́нский, Finn
Фи́нский зали́в, Gulf of Finland
Фра́нция, францу́з, францу́зский, France

Чёрное мо́ре, черномо́рский, Black Sea
Чехослова́кия, чехослова́к, чех, че́шский, слова́к, слова́цкий, Czechoslovakia, Czechoslovak, Czech, Slovak
Чу́дское о́зеро, Lake Peipus

Шве́ция, швед, шве́дский, Sweden

Эльба, Elba
Эсто́ния; (Эсто́нская ССР), эсто́нец, Estonia

Япо́ния, япо́нец, япо́нский, Japan